トゥルニエを読む！

キリスト教的人間理解の新たな視点を求めて

工藤信夫
［著］

YOBEL,Inc.

装丁・ロゴスデザイン：長尾 優

はじめに

本書は、スイスの精神医学者ポール・トゥルニエ（1898～1986 人格医学の提唱者）の著作を題材に、そこに込められた重要な洞察を取り上げ、キリスト教的人間理解に新たな視点を提供することを願って書かれたものである。

また、本書は、一九九四年に発足し、今日も続いている読書会「トゥルニエを読む会」を中心に、その参加者の承諾を得て多くのレポートを収録している。そして各巻は、トゥルニエの著作の紹介と引用、それらへの読者の応答（レポート）、全体の方向づけとまとめを筆者が担当するという構成で書かれる。そうすることで、トゥルニエが今日の私たちに提供している主張を浮き彫りにできると考えたからである。

参加者の現実生活から抽出された実体験を通して、トゥルニエの著作が読者にもたらした希望、展望の豊かさを知っていただくことで、トゥルニエの著作により親しんでいただくことが私の願いであるところでなぜ今このときに、トゥルニエの本を出版するかは、いくつかの危機感に押し出されてのことである。

その一つは、これほど深い人間理解を示す本はキリスト教界を見渡しても他に類を見ないと私自身深く信じているのだが、諸般の事情から彼の本は今後、容易に入手できなくなるらしいという話を耳にしたからである。言うまでもなく、トゥルニエはすぐれたキリスト教思想家、臨床医で、とりわけ一九七〇年代「人格医学の提唱者」として広くヨーロッパで知られた人物で、その影響力は、広くアメリカ、イスラム圏内にまでおよんだ人物である。

たとえば七〇年代、私はアメリカで臨床牧会教育に参加していたが、その受講生の多くは、「トゥルニエは私たち神学生の中で最もポピュラーに読まれている著作家だ」と言った。

また、七七年、トゥルニエが来日したことが機縁となって設立された、「関西牧会相談センター」の理事二人が世界宗教会議の帰りにジュネーブで彼と再会したおり、ホテルマンが、「あのトゥルニエ博士が本当に迎えに来るのか」と目を丸くしたという話を耳にした。

さらには一言つけ加えれば当時、私が勤めていた病院の患者さんの中に彼のファンがいて、気分の高揚状態のとき、「スイス・ジュネーブ・トゥルニエ」と宛名書きしただけで航空便が届くというエピソードもあった。

しかし最近は、ヨーロッパでもアメリカでも果ては日本でもトゥルニエの本は手に入りにくく、もはや過去の人となりつつあるようである。

にもかかわらず、これから述べるように、トゥルニエが私たちに語りかける人間理解とその豊かな洞察力の価値は、今日なお、いささかも変わっていないばかりか、キリスト教の中により深い真理を求める人々にとって、ますますその必要度が増しているというのが私の確信である。

それゆえ私は、「トゥルニエの著作入手困難」の話を耳にしたとき、こうして築かれた深いキリスト教文化を後の世代に伝え残すことこそ、私たちの世代の責務ではないかと思ったのである。

このようなしだいで、私はこれからしばらく、今を生きるキリスト者にトゥルニエが語りかける事柄を重点的に取り上げ、神によってこの世に送り出された私たちの〈生きる意味〉について考えてみたいと思う。

とはいえ、その著作は膨大で、邦訳されているものだけでもかなりの量になる。そこで、私が15年前トゥルニエのシリーズ刊行を計画した際、代表的な著作を左記のように三巻のシリーズに分けて考察し、前述した内容で順次出版していく予定であった。

トゥルニエを読む（上）『人生の四季』『結婚の障害』『生の冒険』
——私たちのライフステージやライフイベントの捕らえ方を知る

トゥルニエを読む（中）『強い人弱い人』『罪意識の構造』『人間・仮面と真実』
——私たちの自己理解、人間理解を深める
トゥルニエを読む（下）『暴力と人間』『女性であること』『人生を変えるもの』
——現代社会の病理とその打開を試みる

そしてトゥルニエを読む（上）はあめんどうより二〇〇四年に刊行されたが諸般の事情から、トゥルニエを読む（中）は、『暴力《ヴァイオレンス》と人間——トゥルニエとグリューンを読む！』（『暴力と人間』『強い人弱い人』『女性であること』『従順という心の病い』で構成）と題してヨベルより二〇一八年に刊行することになった。ついては『トゥルニエを読む！』続刊は本書に続いてまた年内に刊行の予定である。ダイジェスト風にまとめられたこの入門書が、トゥルニエの本そのものがそうであったように、手にとられた方々の人生を、豊かにしてくれるであろうことを信じまた強く願っている。

二〇一九年三月

工藤信夫

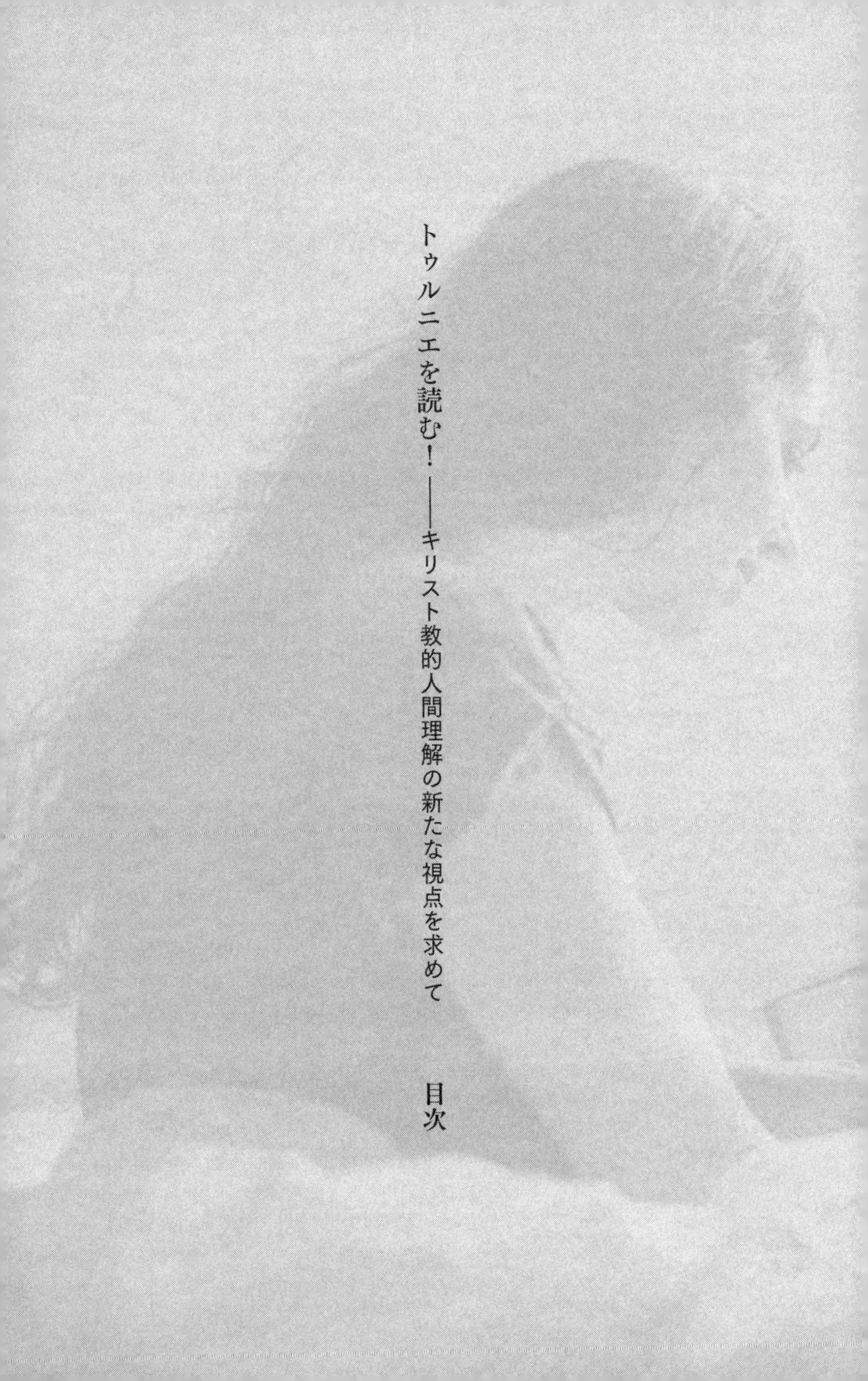

トゥルニエを読む！――キリスト教的人間理解の新たな視点を求めて

目次

第二部　トゥルニエを読む　35

＊トゥルニエの著作からの引用は、漢字かな使い等、できるだけ邦訳の原文を採用した。

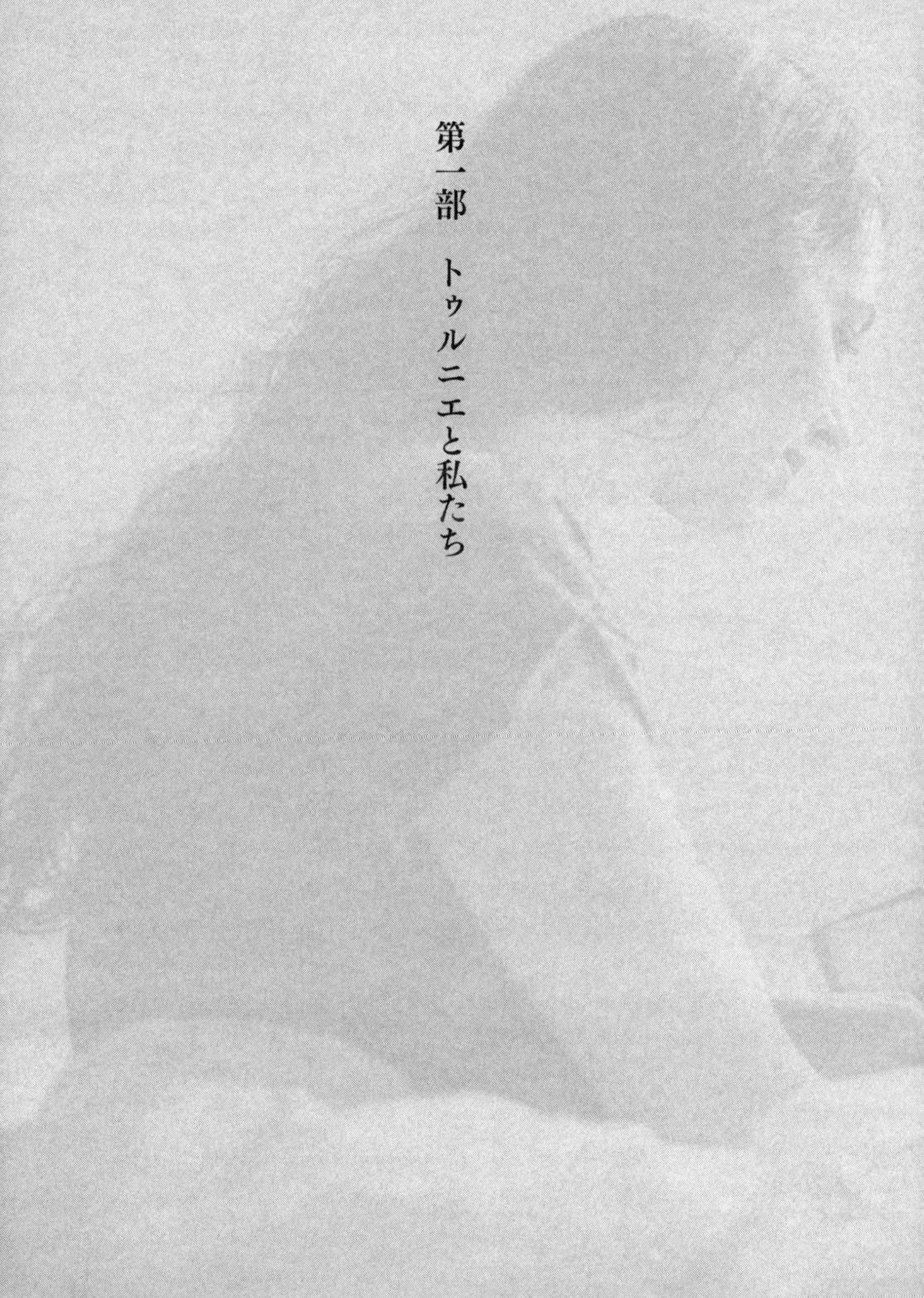

第一部　トゥルニエと私たち

1章　トゥルニエが語りかけるもの

――今日のキリスト者への警鐘

1　信仰の抽象化・単純化の持つ危機

冒頭で私は、人間理解に深い洞察を示したトゥルニエの著作そのものが入手困難になるという危機感から、本書を執筆する決意に至ったことを述べたが、今一つの動機は、私自身が長年キリスト教界に身を置いて、臨床医の立場で、耳にしてきたキリスト教理解の浅さがもう一つの危惧である。

つまりこれまで私たちは、長い間教会に集い、聖書を読み、祈り、それを軸にさまざまな伝道や宣教のわざに励んできたつもりであるが、何かこの流れの中に決定的に欠けたものがいくつかあり、それが私たちの今日の信仰生活を浅く、貧しくしているのではないかという反省である。

このように申し上げると、まじめにキリスト教を信じてきた人々の中には、「意外」な思いを持たれる方がおられるかもしれないが、よく注意しないと、宗教や信仰生活には確かにそうした側面があるのである。

たとえば、「自分は確かなものを掴んだ」あるいは「もうこれで絶対」と思い込んでしまうと人はいつしか学ぶことをやめて、妙な優越感に陥ることがある。そこにはもはや本来学ぶべき存在としての人間に最も必要とされる求道心・慎み・謙虚さが失われてしまう。

あるいは「体系化は生命の枯渇をもたらす」という言葉（『人間・仮面と真実』以下、著者名なしの書名はトゥルニエ著を指す）や、「一つの結晶化したものは固定化すればそこに空虚化」が起こるという指摘（押田成人）に照らすと、キリスト教と言えども教理、教義に取り込まれてしまった人はいつしか言葉のパリサイ人に陥る。人間の現実や実生活から遊離した裁き人と化してしまう。

実際、「トゥルニエを読む会」の中で、次のようなレポートを書いて私を驚かした人がいる。

レポート1　トゥルニエの指摘

数年間は受洗の喜びに浸っていた私が、その後、教会に行くたびに、何か心が閉ざされるような思いになる理由が、どうしてもよく分かりませんでした。しかし今回『仮面と真実』を読んで、私はやっとその危険に気づくことができました。それは「概念化や定義、公式は、把握しがたく動いてやまぬ人格を、受動的な精神の自動現象の総体にしてしまう」（244〜264頁）というトゥルニエの指摘でした。

つまり一つの概念化、抽象化は、人をパターン化し、創造性を危うくする。

宗教すらその例外ではないという彼の指摘でした。

このレポートを私が今述べた懸念や私自身の歩みに照らしてみれば、次のようなことが言えるであろう。

確かに主イエスは、「この水を飲む者はだれでもまた渇く。しかし、わたしが与える水を飲む者は決して渇かない。わたしが与える水はその人の内で泉となり、永遠の命に至る水がわき出る」（ヨハネ4・13〜14）と言われた。しかし、二〇代半ばからキリストを信じて生きることを私の生活の中心に据え、神を追い求めることにおいて人後に落ちないつもりで生き、祈ってきたつもりなのだが、三〇年余におよぶ信仰生活を振り返ってみると、果たしてどれほどの真理が信仰生活を深めてくれただろうか。どれほどの内容のものが、私自身を深く納得させてくれただろうか。そして七〇代に達して気づいたことは、意外とこれまでの信仰生活には生の〝深まり〟も〝発見〟も乏しいということであった。

もしかしたらこれは、このレポートに見るように、把握しがたく動いて止まぬ人格や神理解を、浅いレベルで概念化、抽象化、神学化してきたことが、原因の一つとなっているのではないだろうか。

この点に関して私の手許には、一〇年におよぶ読書会を共にしたあるご夫妻の興味深いお手紙がある。

レポート２　私を変えた出会い

この読書会との出会いが、私たちの人生の後半の生き方を決めたように思えます。四〇代・五〇代という人生のいちばん大切な時期にトゥルニエのすぐれた本のみならず、多くの仲間に出会い、パーソナルな交わりに恵まれたことを心より感謝しております。今これらの年月を振り返ってみて、現在入手可能なトゥルニエの本の全部を学ばせていただいたことは、何と幸せなことだったでしょう。この一〇年近くで、人間理解が少しずつ進み、信仰が地について落ち着きが出てきたような気がします。

トゥルニエを学ぶ前は、元気で明るい信仰に心が傾きつつも、こんな絵に描いたような単純なキリスト教理解でいいのかと思っておりました。しかしこの会に集い、テキストを学び、先生のお話を通して人間の現実、人生の現実を落ち着いて見据えること、そしてそこに働く神を見出すことを学びました。

そこでの学びは、ハウツー式の「人生の生き方」を学ぶ所ではなく、個々人が自分で自分の現実を受け止め、模索し、行動していく、自立した自分を必要とするものでした。そして、その現実を受け止め模索していく過程で、これでよいのだというホッとした安心感をいただきました。この会があって、今の私たちがあると思っております。


「絵に描いたように単純化した」キリスト教とは面白い表現である。そして、トゥルニエを学んでいく過程で、ある落ち着きを得たという表現もまた示唆に富む。もしかしたらこれは、志をもって教会の門をくぐった人々の大半が、数年もすれば教会を去っていくという、否定しがたい現実の要因の一つを説明するものではないだろうか。

つまり私が懸念する、奥行きを欠く今日のキリスト教界のことである。

2 「冒険」という広がりを持たない宗教

ついで次のレポートは、私が一時その籍を置いた神学大学の学生によって書かれたものであるが、トゥルニエが何を私どもに語りかけているかを知る一つのヒントを提供してくれている。

レポート3　『生の冒険』を読んで発見したこと

本書を読んで、いちばん面白いというか、印象に残ったのは「神の冒険」という概念であり、「神はもっとも高度に冒険精神をもつ方」であるという表現であった(90頁)。これまで私は聖書の神を、「冒険好きな神」とは思ったこともないので、これは大きな発見だった。このような神によって創られた人間もまた、高度な冒険精神をもっていて当然であろう。人間の創造そのものが、神にとっても大いなる「冒険」であったはずだから。

このような背景で読むと、聖書の物語がさまざまな冒険で彩られており、登場人物たちの人生もまた、鮮やかな冒険に満ちているのが分かる。このような性格が、キリスト教を高度に冒険に富んだ宗教たらしめてきたのだろう。数多くの殉教者、聖人たち、修道会の創始者、宗教改革者ルター、メソジストの創始者ジョン・ウェスレー、日本における内村鑑三の活躍……。

これらのすべての人物がすぐれて冒険精神に富んだ一流の冒険家であったことは間違いない。しかも彼らの背後には、「冒険せよ！」と命じられる神がおり、その召命に従った冒険であったところが、世の冒険家と違うところだ。この神が同じように私にも、「生きよ！冒険せよ！」と声をかけてくださる。「聖なる働き」に参与する思いをもって、私でも「神と共なる人生の冒険」にあたらせていただけることは、これまで考えたこともなかった名誉であり、素晴らしい発見であった。変な言い方だが、改めて「私の神」を誇りに思う。冒険のパートナーに私を選んでくださったことに感謝する。そして、このような新しい発見をもたらしてくれたトゥルニエ自身にも感謝している。

わたしがこの学生のレポートを読んで驚いたのは、この神学生は一〇年、二〇年と教会に通っていたが、ついぞ教会や神学の中に、こうしたトゥルニエ的発想に触れたことがなかったと言っていることである。

つまり今日の私たちは、聖書を読み、礼拝に参加するという行為に熱心でありながら、その内実は、狭い教義や聖書解釈に重きが置かれているのであって、「生きよ！　冒険せよ！」と、それぞれの人々に与えられた固有の生の発展や充実に向かっているのではないのではないか、という懸念である。

換言すれば、宗教とは〝何かを守る〟ことに傾き、冒険という〝広がり〟や〝深まり〟を必ずしも持っていないのではないか、という反省である。

この傾向はもちろん、私自身の中にもあって、今考えるとこれまでのキリスト教は人に〝伸びやかさ〟を与える代わりに人を萎縮させる側面を持っていたのではないだろうか。

この点、私が神学大学にいた当時から今に至るまで私の主催する牧会事例研究会に出席しているひとりの牧師夫人の証言は示唆深い。その人は「三〇年余におよぶ信仰生活で教えられたものは何か？」という私の質問に対し「『伝道しなさい』『礼拝を守りなさい』『献金しなさい』『祈りなさい』の四つだけでした」と応えられたのである。なんともはや寂しい信仰生活である。もちろん、これがすべてのキリスト者に当てはまるというつもりはないが一つの傾向を持っていることは明らかである。

3　キリスト教に対する悲しい誤解

先ほどの学生は『生の冒険』という一冊の本に出会って、どのような生も「神と共なる人生の冒険」ではないかという発見に導かれたが、「生の冒険」ではこの辺の事情を、「私たちはデカルトとマゼランの中で揺れている」という印象深い言葉で表現されている。

デカルトとは、誤りの少ない、堅実な歩みのことであり、人生という航海に定規とコンパスを持って対処するタイプの人間のことを意味し、マゼランとは、未航海の海を、星を頼りに新しい航路、新天地を目指して旅をした人物に象徴されるロマンチックな人生の冒険を意味する。（197頁）

ところで、冒険という視点を失うことによる信仰者の無気力、信仰の硬直化という問題は、今日の私たちの中にも十分認めることができる。トゥルニエはその理由について、次のように指摘する。

では、多くの信者がこんなふうな冒険精神しか持たないのはどうしてだろうか。私の思うに、これはすべての人々が――非信者、信者を問わず――霊的価値と物質的価値、精神の事柄と現実生活の事柄、天と地との間でつい心の中に立ててしまう困った対比から来ている。（中略）彼らは地に背を向けて、天のみを見ようとする。（中略）彼らは現実生活の諸問題に立ち向かい、これを解決して行くことをあきらめて、抽象世界の中に満足を見出している。彼らはこんなふうにおりることを、キリスト教的犠牲と思いちがいしている。（『生の冒険』244頁）

「真の冒険は受肉の中にしかない」と言うトゥルニエの主張は、多くの信者が冒険精神を持たないのはどうしてかという彼の素朴な疑問から発展したものであるが、いずれこうした信仰者の無気力、硬直姿勢を、トゥルニエは「悲しい誤解の犠牲者である」と表現している。教理、教義の犠牲者となって律法主義的な生き方を〝宗教的〟と違えてしまった人々は案外少なくないのではあるまいか。

4　近代合理主義がもたらしたもの

しかしトゥルニエの思索の広さは、単にこうした信仰者の内実を問う視点に留まらず、今日の文明の行き詰まりにまでおよぶ。たとえば彼は、『女性であること』の中で次のように言う。

確かに、新しい種類の孤独が存在する。あまりにも技術化され、あまりにも組織化され、あまりにもマス化され過ぎたわれわれの西洋文明特有のものである。すなわちマスの中での孤独である。マス化されたレジャーの只中においてすら恐ろしい孤独が存在する。そして男性よりも女性の方がこの孤独にもっと苦しんでいるのではないだろうか。とくにそのためだと思うが、精神治療の診療室には男性よりも女性が多く訪れる。（239頁）

これに続いて、近代合理主義の上に打ち立てられた現代人の悲劇を、彼はエーリッヒ・フロムの言葉を引用し、「自分自身とのコンタクトを失い、他者とのコンタクトを失い、大自然とのコンタクトを失った」とか「思いやりの欠如」と表現する。（前掲書234頁）

この「女性であること』が書かれたのは一九七九年、つまり今から遡ること四〇年前であるが、この「孤独」「組織化」「疎外」のテーマはまさに、今日の私たちの問題ではないだろうか。実際、今日の日本で、若者の暴力と〈引きこもり〉と中高年の〈うつ病・過労死・自殺〉は、今や国民的課題と化してしまっている。

このように見てみると、「人間性の回復」「心と心の通い合う」関係の実現を究極の願いとしたトゥルニエの視点はまさに、今日の私たちキリスト者が希求する宗教的思索そのものなのである。

2章　トゥルニエによる人生の回復
――生き方を整え、生を深める

1　人間性の回復

それでは、トゥルニエが私たちに示そうとしている方向や視点は、具体的にどのようなものであろうか。次の文章は、この会が発足して一〇年、もうそろそろこの会を閉じようかと考え始めていたころ、ヒョッコリとこの会に参加され、以来、休みなくこの会に集っておられた参加者のひとりによって書かれたものである。

レポート４　私のトゥルニエおじさんへ

初めてあなたに手紙を書きます。もしあなたがまだご存命なら、もっとずっと前に、これを書き送っていたことでしょう。『人生の四季』――あなたのお書きになったこの書名を、決して忘れることができません。なぜなら、それまで二〇年以上の間に、少しずつ考え続けていたことが全部、そこに書かれてあったからです。

頁を繰るごとに驚き、何かの始まりを感じ、胸躍らせました。そして、「夏」の終わったところで、ひとまず本を置きました。私は今、自分が夏にいるのだ、と強く思ったからです。

あなたは、「ほんとうに子どもではありえなかった子どもは……完全に一人前の大人にはなれない」と書かれていましたね。私の子ども時代を一言で表現するなら、まさにその通り「ほんとうに子どもではありえなかった子ども」でした。

それでも学校を出てまもなく結婚。仕事をいろいろと経験し、さまざまな人間関係があり、それに加えて教会との関係については、いく晩かかっても語り尽くせないほどのことがありました。

あれは二〇代半ばのころです。ずっと心の奥底に何重にも包み込んで隠し、自分すらその存在を忘れていた本当の自分が、ダムの決壊のように一気になだれ落ちてくる出来事がありました。

私にとってこの体験こそ、「心の底までしみこむ格別な体験」とあなたが『人生を変えるもの』に書かれたことに他なりません。そのとき、自分でも驚くほどの大きな怒りが噴出したのですが、同時に、初めて自分自身に出会い、まわりの人や出来事が不思議なほど冷静に見えました。世界はこのときに変わり始め、私は自分の足で初めて立ったような気がしました。私は叫びました。「私は私が好き。私は私でいたい」と。こうして私は、本当の自分を探す旅に出ることにしました。

それから一〇数年。いったいこの旅は前へ進んでいるのかいないのか、かすかな光を頼りに、ゆっくりと時は過ぎていきました。その間、二人の子どもが生まれ、下の子の夜泣きがようやく落ち着いてきたころ、私は早朝、聖書を読むようになりました。聖書が私に個人的に語りかけ、心に浮かぶさまざまなことを、ぽつりぽつりノートに書き始めました。

書くことで、おぼろげだったものが、一つずつ細い糸のようにその姿を現し始めました。そしてある日、それらが突然、ぜんぶ撚り合わされて太い糸となっていく姿を私は見たのです。手のひらに汗が滲み出しました。

小さかったころのこと、居場所が持てなかった孤独感、自分が分からないいらだたしさ、いやなこと、恥ずかしいこと、罪の姿、人を傷つけたこと、怒り、不満……。好きなことや大切なことのプラス面と一緒に、マイナスの面も全部寄り集まって、一本の矢のように私の歩くべき方向をさし示したのです。

その後、『信仰者の自己吟味――神と人、信仰を語る』（工藤信夫、いのちのことば社）という本に出会いました。そしてそこに何度も、「ポール・トゥルニエ」というお名前、『人生の四季』という書名を見、この本を読みたいと強く思いました。

しかし同じ年、一五年以上の間、訪問する度に、いつも上から下まで眺めていた親戚の書棚の真ん中に、まるで私を待っていたかのように置かれていたあなたの本を見つけたときの驚きを、どうぞご想像ください。そして、それを読んだときの心の内は、この手紙の初めに書いたとおりです。

それから、あなたの本を一冊ずつ読み続けています。むずかしくて分からないところもあります。でもだんだんと、まるであなたが私の傍らで椅子に腰掛け、ゆったりと私のためにお話しくださっているかのような錯覚を覚えるようになりました。

最近、『人生を変えるもの』（ヨルダン社）を読みました。そこに、「住みやすい世界とは、互いに心を開くことができ、互いにこうして真実の自分自身になるために助け合うことができる世界」（6頁）という一文に力を得ます。また、「私の信仰体験を医療の場に活かすことこそ進むべき道」（22頁）という言葉に励まされます。私もまた「神からいただいた信仰」

(168頁)を教育の場に活かす仕事をしたいと思います。また、「常に新しいものを自分で創造しながら生きる」というあなたの言葉を、私の生き方にしていきたいと思います。

このレポートは、閉ざされた子ども時代、そして三人のすぐれた人物に出会って、この世界に対する希望を回復したトゥルニエ自身の人生の過程を想起させる(『生きる意味』8〜18頁)が、このレポーターのように、トゥルニエに出会って人生を回復していった人々は決して少なくないに違いない。

2　人生に対する肯定的姿勢

トゥルニエはその著書『生の冒険』で、冒険精神の回復という方向を提示しているが、この基調は彼の著作全般に通じる基本姿勢であり、その根底には、人生に対する安心感、人生を楽しむという肯定感といった、積極的な姿勢がある。次のレポートがそれである。

レポート5　神が仕組まれた人生のシナリオ

私はトゥルニエの『生の冒険』に出会ったとき、この世に私が生を受けたときに神が与えたであろう、こんな言葉を思った。「これからいろいろあるだろうが、地上での冒険をせいいっぱい楽しんでおいで」。たしかに、障がいを持ってこの世に生を受けた後の年月は、決して平坦なものではなかった。しかしこの身体を通して得ることのできた実りの、何と豊かなことだろう。

地上一メートルばかりの車椅子の高さからは、人の悲しみ、高ぶり、痛み、喜びの本質を教える万華鏡をのぞいたような、楽しくも悲しい人間の世界が見える。思わぬところで思わぬ人の温かさに出くわし、喜びに浮かれていると、また思わぬところで人の心の中の淋しい現実にうちひしがれる。でもそれは、私が死ぬまで人生を通して神をいつもそばに感じ、いつも新しい神に出会い、より親密になっていけるために、神ご自身が周到に仕組まれた人生のシナリオだと、私には理解できる気がする。それは世界最高の冒険活劇であり、私にとって「障がい」とは、神が与えられた冒険を楽しむための最大のツールアイテム（方法、手段）である。

したがって私は、「障がいを克服する」という言葉が大嫌いである。だから私は、トゥルニエに非常に親近感を持ってこの本を読むことができたし、私の感覚が間違いではなかったという自信を与えてくれた。トゥルニエに出会えたことを、心から感謝している。

このレポートは、障がい者と呼ばれる車椅子の学生によって書かれたものである。しかし、一読して分かることは、彼の眼前に今開かれている地平は、強い安心感と自己肯定感である。そしてそれは単なる「障がいの克服」や「受容」といった心理学的レベルを越え、障がい者として生まれた（生まれさせられた）「生を甘受し、楽しもう」とする積極的な姿勢にまで高められている。とりわけ、「これからいろいろあるであろうが、地上での冒険をせいいっぱい、楽しんでおいで」という一節は神の御声を反映した言葉のように思われるが、私たちもまた、自分に与えられているそれぞれの生を、この学生同様楽しむところまで高められたら素敵なことだと思う。

まわりとの比較を第一にするところのある日本人は、人と同質であることをひたすら求め、その人その人に与えられたハンディや喪失感、失策を、レールをはみ出した失敗と捉えこそすれ、決してその人固有の冒険への旅発ちなどとは捉えない傾向がある。しかしトゥルニエが示した視点は、「この病気は死で終わるものではない。神の栄光のためである（あなたが生まれつき盲人なのは、罪の結果ではない。神のみわざが現れるため）」（ヨハネ11・4）という御言葉を想起させる。

3　冒険好きな神という発見

ついで一人の主婦は、その子育ての経験から、『生の冒険』の感想を次のように表現した。

レポート6　心のポケット

ドラえもんのポケットのように、そのまま心のポケットの中に、人はさまざまな冒険のエピソードをため込んで生きている。他人には何でもない出来事でも、自分にとっては本に書いてもよさそうな大冒険の物語である。しかし、その一つひとつは、一度ポケットの中に入ると、引き出されることはほとんどない。それでも過ぎ去った冒険の一つひとつは、ポケットの中で呼吸しながらその人の人格を造りあげていく。

冒険という言葉には不思議な響きがあると思う。未知への挑戦、夢、そしてその実現。知らない世界、出会い……しかし、このテキストを読むまでは、冒険は他人がするものであって、自分も含まれているとは考えたことがなかった。また聖書の物語の一つひとつが神の冒険であろうとは、考えたこともなかった。

神が冒険をしている、そんな思いで神が私を生かしていると理解できれば、自分もまた、そのときに理解ができないような状況や出来事も、受け入れ、従って行くことができそうに思えてくる。自分の人生は、神がシナリオを書かれた大冒険なのだと知ったなら、生きる力を失いかけている人も、もう一度立ち上がることができるのではないだろうか。聖書を冒険の書として携え、私もまたこの人生の次なる冒険の一幕を生きて行こうと思う。

「このテキストを読むまでは、聖書の物語の一つひとつが神の冒険であろうとは、考えたこともなかった」という表現も面白いが、私はこのレポーターの最後の一言、「自分の人生は、神がシナリオを書かれた大冒険なのだと知ったなら、生きる力を失いかけている人も、もう一度（人生に）立ち上がることができるのではないか」という一文に注目したい。もしこれが本当なら、私たちの心は何と励まされることだろう。人それぞれの生が、輝きを放ってくるからである。

このように、トゥルニエの著作は、読者一人ひとりの生を励まし、私たちの生き方を整え、生を深めてくれる。すなわちトゥルニエの本は、私たちの人生のよき道連れであり、すぐれたコンサルタントであると言えよう。それゆえ、トゥルニエ博士の親しい友人であり、同時にすぐれた翻訳者であった山口實氏は私に、「もしトゥルニエの本を整えられるなら全部そろえなさい。それは人生の百科事典だから」と言われたのだと思う。至言である。

第二部　トゥルニエを読む

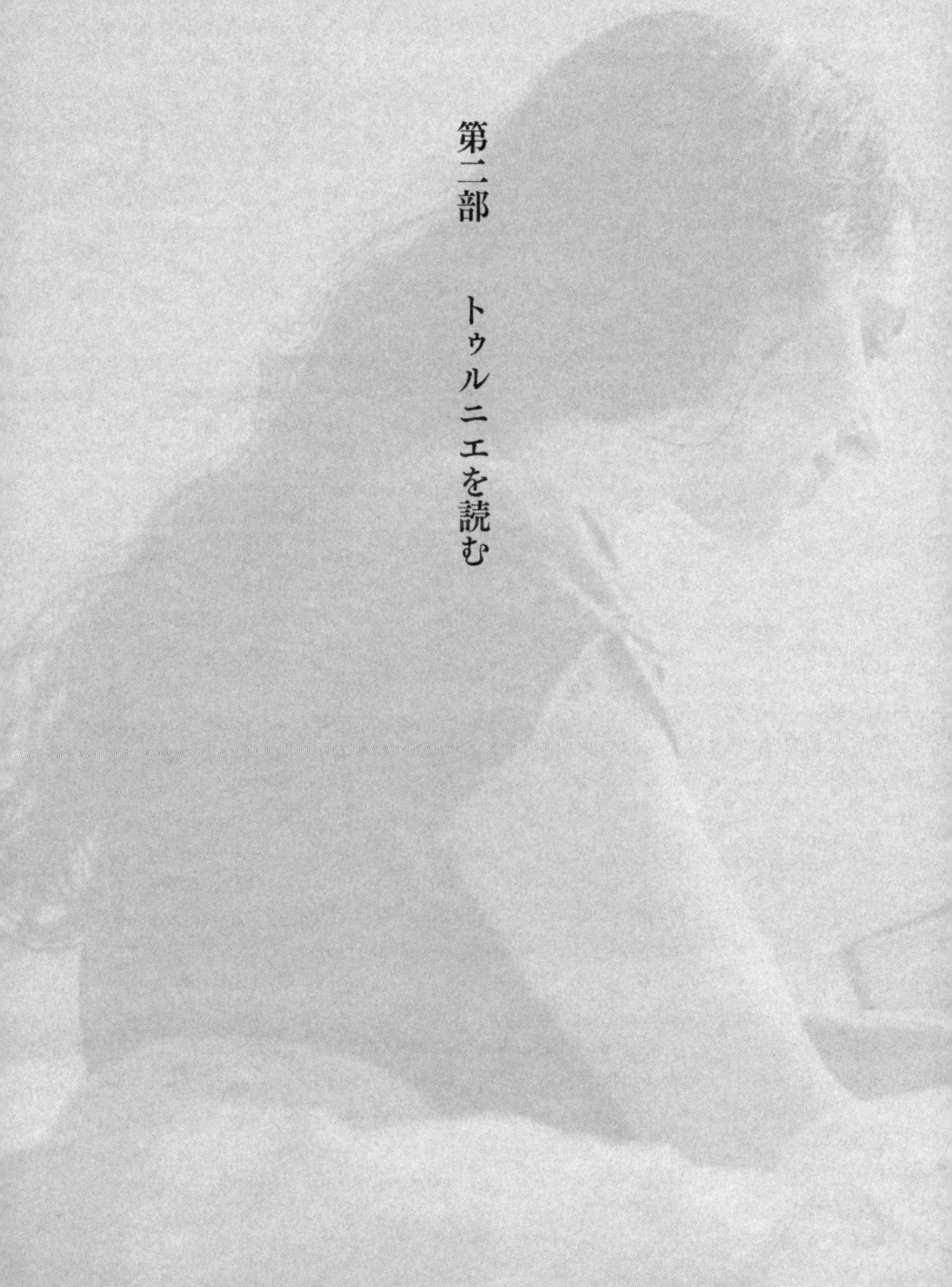

3章　『人生の四季』――人間の発展と成熟

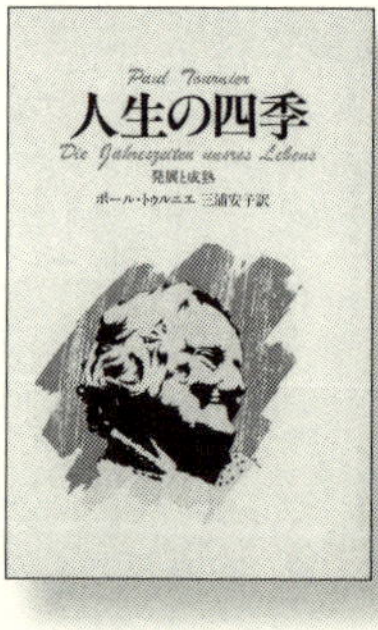

始めに、トゥルニエの数多い著作の中でなお、今日も入手でき、かつ誰にでも親しみ深いテーマと思われる『人生の四季』を取り上げる。（ヨルダン社の閉鎖後、この本は日基教団出版局から新しく出版された）

1　本書の要旨

トゥルニエは多くの臨床経験から、人間の生涯は絶え間のない発展途上にあること、人生にはさまざまな時期があって、そこには誰もが必ず経なければならない課題が散りばめられていることを明らかにする。

その全体的な概観や統一像をまとめあげ、人生に対する驚異の念を持ちつつ取り組んだのがこの著作である。

（1）人生の秩序と意外性

フロイトは、人間の生涯を生物学的必然性（一つの秩序）において捕らえたが、その捉え方には、運命的なニュアンスがあるため、人は悲観的にならざるを得ない。

たとえば、ひとりの人が受けた幼少時体験が、末長くその人の生涯を左右するとなれば、人はどんな親の元に産まれ、どのような境遇を歩ませられるかは、その人の想定外・責任外にある出来事となるがゆえに、このような宿命論・運命論は人を、不安におとし入れるに違いない。

しかし、〝光と闇〟という心理学的概念に見るように、光の中に影を、影の中に光を見出そうとするユング的視点から眺めると、人生は多くの〝意外性〟を持っているがゆえに、人間はもっと人生に希望を持ってもよいことを知らされる。そしてその例としてトゥルニエは、人間の生涯では、〝冬でさえも春が来ることのあること〟を、一人の老教授の体験談を引用して次のように語る。

彼は、八〇歳を越していたにもかかわらず、信仰に導かれ、いつもこう繰り返していました。「私は自分が、今生まれたばかりのみどり児のような気がする。私の人生は今はじめて始まったのだ！」と。（6頁）

とは言っても神の奇蹟といえども、自然界の秩序に見るように神はその秩序から人を完全に解き放つわけではない。つまり恩寵は自然を取り去らないのである（アウグスチヌス）。

そこで人生には、自然界の営みになぞらえるべき四つの季節があり、それぞれに固有の課題と独自の法則があるのではないか、とトゥルニエは考える。

本書はこの視点に立って、まずそれぞれの時期の特長とその意味を明らかにしていく。

（2）人生を自然界の四季にたとえる

本書は、この本のタイトルが示すように私たちの人生の行程を四季にたとえて、その全体を提示している。その概略は以下のような内容になっている。

春：幼年期・青年期――人生の準備期間（35頁）

この時期は、人格形成と職業技能習得の準備期間であるが、これほど豊かで多彩、多様な時期は他にない。（44頁）

この時期になされる人格的な出会い、他人と交わる能力、協調性、冒険心、感動する力、創造力、空想力、知識等の習得はみな、それから後の生涯の基本を形作るのであるが、それらの能力は〝愛と信頼〟を基本とする〝親子関係〟と〝遊び〟の中で習得され得ると、トゥルニエは主張する。

そして子どもを尊重するとは、子どもが〝人格的な存在であること〟を真に認めること、子どもが自然発生的に抱く秘密と遊びを尊重することに他ならないという。

また青年期は、自分自身になる権利と義務の時期であるが、この時期の成長のためには、愛・苦悩・同化・順応を必要とするという。（58頁）

夏：成人期――行為と所有の季節（94頁）

この時期は、家庭の基礎を固め、職業生活を発展させることが必要である。

この二つは、両方が必要であって相補的であり、自分の仕事にのみ没頭することは許されない。

一方、独身者にとって大切なのは、独身であるということを充実させることであって、敗

北などと捉えて決して気に病まないことである。(95頁)

秋：壮年期――生の吟味、価値の再検討の時期であり、つかのまの価値から永続的な価値への変換や移行がなされる。(125頁)

これまで成し遂げ、学び、獲得できたものは(doing)、しだいにその価値を失っていく。人間にとって大切なことは、彼らが今現在、どういう人間であるかということ(being)であって、これからまだ何ができるか(doing)ということではないという。(127頁)

冬：老年期――人生の意味の探求(138頁)

喪失(死)と再生、人生を統一的に捕らえる感覚の再発見(統合)が、その主要なテーマとなる。(142頁)

(3) 励ましに満ちた人生理解

私は本書に触発されて、『女性の四季――一精神科医の立場から』という本を書いた。それはこの本の発想の面白さ、意味深さに驚く一方で、私が四〇代に近づき、その身体的衰えと共に、人生はそう単純なものではなく、人生の折々にさまざまな転機、課題があること、それをうまくなし終えていないと、後々大変なことになるのではないかと気づかされたことによる。
以下にその一部を紹介する。

あるとき、私のところに、四五歳になる男性が診察を受けに来ました。彼は、自分の生活に目的が持てない、仕事に行ってもつまらない、まとまったことができなくて毎日うろうろしている、同僚や上司との対人関係も悪いし、仕事を辞めたい、また、人から与えられた仕事はするが、自分からやっていくということが苦手である、これまで五、六回も職場を変わった、ばりばり仕事をしている人をみると、ひけめを感じる。こうしたことを言うのです。

先ほどの区分からみれば、四〇代以後は、人生の秋にさしかかる時期です。それまでに自分の存在意義、人生の目的意識といったものを明らかにしておくことが望ましいわけです。しかし、この人の場合、四五歳になっても、自分が何をやったらいいのか不明確で、焦点が定まっていないのです。これでは、実りというより、不作の人生になってしまいます。

この人の話を聞いていくと、「若いときから友だちがなく、孤独であった。学生時代、勉強に打ち込むことができず、授業をさぼってばかりいた。新しいことに身を乗りだしていくこともなかったので、社会性が身に着いていなかった。それが原因でこうなったのだろうか」と言うのです。どうやら彼は、夏の時期をよく生かしきれなかったことに、原因がありそうです。夏の時期というのは、試行錯誤をくりかえしながら、自分がどういう者であるかという自己発見、人生の中で何をしたらいいかという目的の発見をすべき時なのです。しかし、この人のようなつまずきは、私たちにとって、けっしてひと事ではありません。（『女性の四季』聖文舎：14頁以下）

このように『人生の四季』を読んだ当時の私は、そこに繰り広げられる人生の鳥瞰図とも思えるライフステージの概念に驚き、とくに、人生の冬にも春の来ることがあるというトゥルニエの指摘に、人生の豊かさ、面白さを感じた。そしてそれは、トゥルニエならではのおおらかさ、伸びやかさがあって、しかも人間への眼差しが温かく、励ましに満ちたものだった。

2　「読む会」のレポートと共に

本書の「春」、「夏」、「秋」、「冬」を論じた各項目の中にはそれぞれ、ときに応じて想起すべき豊かな言葉が散りばめられている。ここで各時期の特徴について、より詳細に紹介しつつ、

「トゥルニエを読む会」の参加者が提出してくださったレポートをできるだけ取り上げながら、本書の要点をいくつか紹介してみたい。

(1) 春：幼年期・青年期

子どもの豊かな潜在能力

トゥルニエは、人生の春の項目の中で、〝子どもは親の所有物ではなく、神のものであること〟、〝どの子どももそれぞれ異なった独自の人生の計画を内に秘めている〟ということ、また子どもは、〝詩人の心を持って人生を理解している〟のだが、大人もまたその理解を持つべきこと、そしてこの事実を知ったなら、子どもは何と興味深く、何と迫力に満ちた存在であろうか」(29頁)と私たちに語りかける。

そして「子どもの誤りを正そうとしてではなく、自分の子どもたちの本性を発見しようと真の好奇心に燃えて子どもたちのいうことに注意深く耳を傾ける親たち、とりわけ父親たちが果たして何人いるでしょうか?」(27頁)という重要な問いを投げかけ、「子どもが子ども本来の自由を身につけるには、親自身が自由でないといけません」(44頁)と勧めている。

私がこの本から特に注目したのは、この〝親自身の心の自由〟ということばであるというのも、私たちは子どもに向かうとき、子育ての責任性や躾を重んじるあまり、子どもに与えられ、子ども自体がすでに持っているその直感能力や自由性の大きさに驚いたり感動したり、それを楽しんだりするゆとりを、ほとんど持ちあわせていないのが実状ではないかと思うからである。

しかしトゥルニエは、見た目には無邪気で無頓着な子どもたちが、そのじつ、家庭内で起こる一切のことをちゃんと見抜いており、両親の仲がしっくりしていないこと、父親と母親が互いに愛し合い、幸福であるかどうか、すでに分かっていると言う（30～31頁）。そしてまた、子どもの考え方は魔術的であり、詩人の言葉で人生を理解しているのであるから、私たちは詩人の心で子どもと語らねばならないのだという（32頁）。

しかし、大人というものはいつの時代でも、子どもたちの神秘的な言葉を全然理解せず、いや理解しようなどとはしないで、ただひたすら子どもを大人が満足する客観的・科学的考え方で現実主義者に仕立て上げようと、早く、早くと子どもを追い立てる焦りの存在でないだろうかと思うからである。しかしながら子育てに際して期待される親の態度とは叱咤激励ではなく、詩人の心で子どもの世界に感動し、子どもの心に共感を寄せる柔らかな感性ではないだろうか。そして子どもの考え方、物ごとの捕らえ方に価値を見出す感性は、親自身の成熟度に関するテーマであり子どもの独自性に敬意を払うことは〝子どもの尊重〟に他ならないからである。

また子どものころに遊ぶすべを心得ていた人は、大人になったとき、働くすべをわきまえた人間になるという指摘には、深く肯かせられる。というのも物事に集中する能力、協同作業のこつ、アイディアを生み出す力、一本の紐とか棒切れ、一枚の紙切れで遊びを作り出す能力……。これらはみな、遊びの中で育まれ、獲得されるものに違いないからである。果たして今日、一体どれくらいの親が子どもの遊びの大切さを認識し、遊びの尊重を心がけているだろうか。

つまり、子どもを尊重するとは、こうした子どもの能力を尊重し、子どもの遊びを尊重することに他ならない。

そして私たち大人の仕事の中には、「遊び」の要素があるのも事実である。しかし、私たち親は、非常に手のこんだ高価なオモチャを買い与え、子どもが自分の内部から出てくる想像力、詩的空想が生まれる創造力を奪っていることに気づかない、と言う。（36〜37頁）

次のようなレポートを、書いてくれた人がいる。

レポート7　親としての成長

28頁に、「子どもは個性を持った存在であること、子どもは自分たち両親の所有物ではなくて神のものであること、そして、どの子どももそれぞれ異なった独自の人生の計画を内に秘めており、その計画はあらかじめ確定しているのではなく、一歩一歩人生の歩みを進めていくうちに発見されていくのだということを認める態度が欠けているのです」という文章があります。

この文章は、ともすると子どもの歩みを親の方で計画し、将来の方向性（勝手に親が夢想して）とかけ離れた、子どもの今の暮らしぶりを、非難したり、落胆したりしている私の心を静めてくれました。子どもが一歩一歩確かめながら危ない歩みをしていることを、大きな目で見ることができない親の現実を知らされました。

また44頁に、「真の自由はごくまれにしか見られませんが、この自由を身につけるように子どもたちに準備させるためには、当然のことながら両親自身が内的に自由でなければなりません」とあります。親の持っているものが、子どもの内面をつくっていくのであるなら、私たちの内面の未熟さ、欠けを申しわけなく思い、子どもの成長と共に親も成長していきたいと思います。

補足①：子どもは豊かな個性を持つ

ジョン・M・ドレッシャーは、七〇年代のアメリカ人の子育てを、親が子どもの世界に入り込みすぎて一定の価値基準を要求するため、男の子はいつも成績のよい子でなければならず、女の子は可愛い子でなければならないという大きな悲劇を招いており、これを「子ども時代の終

焉」と称した。（『小学生の子どもを持つ親のための7章』いのちのことば社）

そしてこの項目の中に1つの印象深いエピソードが描かれている。子どもが野球というゲームで優勝できなかった折のエピソードである。日夜この子の野球指導に当たっていたその父親が、肝心の試合でその子が失敗した時厳しくその子をなじるのである。

ドレッシャーはこのエピソードに対して、これは親の子どもの世界への侵入であり、支配である。子どもには失敗する自由を認めないといけないという。

つまり、子どもは子どもであってよいのだ、というコメントを書いている。

私がこの本を訳したのは、五〇代の事だったと記憶するが、私はこの時トゥルニエの指摘と同様〝子ども時代を子どもとして生きられなくなっている〟現代の子どもの不幸を想ったものだったが、確かにに少子化と多忙の時代を生きている今日の私たち親は、いつのまにか子どもから、彼らの時間、遊び場、想像力を奪ってしまっただけでなく子どもに過度の成功体験を期待し、子どもから試行錯誤のチャンスを奪っているのかもしれない。

補足②〈子どもの尊重〉に関してトゥルニエのとても面白い本がある。『秘密』という本である。（ヨルダン社）

もうほとんど入手不可能の本であるが、この本の中に、秘密を持つことは人格形成の〝第一段階〟その秘密を（誰彼ではなく、自分にとって意味ある大切な）人に話すことは、人格形成の〝第二段階〟という説明がある。

その概要は次のようなものである。

先ずトゥルニエはこの本のスタートに、フランソワーズという小学校に行き始めた女の子を登場させる。

まだ子離れできていない若い母親は盛んにこの子に尋ねる。

「今日はどんなことがあったの？　誰と帰って来たの？　ショーウィンドウで何を見ていたの？」

初めのうちはその子は正直に「あれこれ」と答えていたのだが、2・3年もすると適当に答える。

「○○ちゃんと帰ったの、××を見て帰って来たのよ」。その大半は出まかせである。そしてこのプロセスがとても大切なものであるという。

つまり、フランソワーズの中には〝自分の世界〟が形成されつつあるあるのであって、親はそれを尊重しないといけないのだという。子ども自らが自分の世界を形成しているのだから……。そしてある時期、大体は中高生、あるいは大学生時代、人は〝この人と思う〟親しい友人に自分の内面を語ることによって、自分を脱皮していくのだという。

「苦悩」という学校

大人への成長過程にある青年期に必要な要素は〈愛と苦悩〉、そして〈同化と順応〉だという。確かに人間の成長にとって〈愛〉は無くてはならない要素であり〈苦悩〉もまた人を練り上げ、鍛え上げ、磨き上げることを考えたら言うまでもないことである。昔から「若い時の苦労は買ってでも……」と言い古されてきた如くだからである。そして〝同化〟と〝順応〟もまた人間が社会的存在であることを考えたら、必要不可欠の要素である。そしてトゥルニエはこの時期、〝のびのびと自己を展開させ、自己主張をするすべを最もよくわきまえていた人こそ、長じて最もよく自己否定し得るようになる〟という。（64頁）

心すべき指摘である。

そして私の思う所、これはこれまでのキリスト教的な禁欲主義的、道徳主義の盲点を突いているように思われる。

というのもこれまでのキリスト教倫理は、自己主張、わがまま、自己中心性などは、キリスト者にふさわしくない徳目と考えてこれらの根をつみ取ってしまいがちだからある。

しかしトゥルニエは、〝大いなる反抗が実は大いなる従順〟に至る道であることを示そうとしているかのようである。むしろ大いなる反抗、大いなる失敗、大いなるまわり道は全き従順にいたる道として歓迎されるべきことなのかもしれない。というのは、このような試みは案外、若さの中でしか許されない側面を持つからである。

それはさておき、この四つの要素の中の「苦悩」についてトゥルニエは、次のような注目すべき発言をしている。

現在、成長のある段階にとどまっているように見える人々で、もうあと、苦悩さえ体験すればさらに先に進むことができるだろうと思われるような人々を、私たちのうちの何人かは多分知っているということでしょう。(59頁)

そしてトゥルニエは、苦悩は人間を破壊する力にもなるが、同時に人間を自由にする力にもなると明言している。

これは確かに私たちが自分の人生を振り返ったとき〝なるほど〟と納得できる内容のものである。

つまり、自分の狭量を少しでも広げ得たり、いささかの自由を、何らかの豊かさを発見させたものは、いったい何であったかということを考え、たとえそれは物事が思い通り運んだときではなく、むしろ不意に私たちを襲った、ままならない出来事や、思いがけない悲劇が意外にも心の量りを広げてくれていたという側面があることに気づく。つまり人間は、好ましくない出来事や、苦しみによって辛うじて自分の狭い自己中心性を脱却しているのである。

こういう点を考えると、私たちは人生をもっと広い視野で捕らえてよいのではないかという思いに導かれる。

反抗の意味

次いでトゥルニエは〝反抗〟という要素の大切さを主張する。

まずこのテキストには次のような記述がある。

アブラハム、モーセ、ヤコブ、エレミヤから使徒ペテロ、パウロに至るまでの聖書中の偉大な人物は、みな激動的な生涯を送ったことが分かります。彼らは天に向かって反抗し、あまりにも要求の多すぎる神にもうこれ以上自分を適応させることはできないと拒否し、神と格闘したそののちに神と和解した人々なのです。神は自分に反抗する人々を愛し給うのです。

これらの人物は、神との格闘を通してこそ成熟し得たのです。ヤコブは神ととっくみあいをしたあの劇的な夜の翌朝、起き上がり、腰を痛めて足を引きずって、自分の人格の変貌を体験しました（創世記32・24〜31参照）。彼の人生の新しい季節がそのとき、始まったのです。これと同じことが、神の怒りがソドムから消えますようにと熱心に祈り終えたとき、アブラハムにも起こりました（創世記18・23〜33参照）。燃えさかるしばを目前にして、強情な問答を神とかわしたあとのモーセにも（出エジプト記34章参照）、また、あの内気なエレミヤが、禍を告げる使者として預言することをさんざんことわったあとにも（エレミヤ書1・6参照）、まったく同様のことが起こりました。そしてまた三度否といったあとのペテロにも、ダマスコへ向かう途上での体験を経たパウロにも、そしてまだここには書ききれないほど多くの人々にも、この心の改変、新しい季節の始まりという事態が起こったのです。

彼らはみな、自己弁護の力があり、簡単には「まいった」といわない人ばかりです。こういう強情な人々が屈服したのですから、彼らの従順さにはもはや子どもの持つ天性の素直さは痕跡すらとどめておらず、従うことを意志するという、男性的、英雄的な勇気の刻印を帯びています。彼らは今や豊かな人間的成熟に到達したのです。そして後世のために新しい季節を開いたのです。（68頁）

天に向かって反抗し、神の要求を拒否し、神と格闘する人物……、みな強情で自己弁護の力があって、簡単に「まいった」と言わない人たち……。

実はこれらはみな、私たちが自分自身の内に持っているものであり、子ども時代には、よく外に出さなかったものである。

しかしトゥルニエは、人間はそれらとの闘いを経て、男性的、英雄的勇気の刻印を帯びるというのである。かくして〝反抗〟もまた成長・成熟にいたる大切なプロセスなのである。

(2) 夏：成人期・活動期

成人期の危機

トゥルニエは前述のように、青年期における「苦悩」の大切さを取り上げたが、成人期もまた新しい危機がある。

まずは一つレポートを紹介したい。

レポート8　もう一つの危機

『人生の四季』の読書会は、自分自身の魂の軌跡をもう一度たどるよい機会のように思います。

テキストに「青年時代とは、若い人が自分自身の実存を十分に自覚するようになるべき時期、自己自身になることは権利であると同時に義務でもある」（49頁）とか「……自分自身の内部に善も悪もあること、（中略）自分は持っていないと言い張っていた欠点が自分の内部に現実に存在していることを認めざるを得ない日がやって来るでしょう」（53頁）という文章がありますが、これらのことは、大学に入学すると同時に私が突き当たった問題でした。


つまり自分の心の基盤がガラガラと崩れて、もう生き続けることはできないという絶望に陥ったことを今でも思い出します。その中で、主イエス・キリストの十字架と復活の恵みに入れられましたが、本当のところ自分に何がおこったのか理解できませんでした。

しかし四〇代にさしかかった今、また一つの危機の中にあるように思います。キリスト者として、イエスによる救いのみを拠り所としていたはずだったのに、またいつの間にか、心が硬い殻を被りつつあるのではないかという感じがしてもう一度新しく生まれる必要があるのを感じています。

67頁にあるように、「重苦しい心の闘いで、めちゃめちゃにかき裂かれている」、と表現されているように私の心は、深く罪に覆われ、いい知れない孤独を抱えています。しかし、こうした葛藤の先に何か私は新しい季節に導かれる予感を感じています。

人生における成功と充実

つまり、人はこのように一難去ってまた一難という形で、〝脱皮〟を繰り返して人生という旅を深めるのかもしれないが、この時期の〈成功〉というテーマについてトゥルニエは、人生の成功と充実とは、必ずしも一致しないのではないかと主張する。

たとえば、トゥルニエは大学の同期4生たちと夕食を共にした時があった。その中で、自分がいちばん若々しく見え、何の困難もなく、まっすぐな道を歩いて来たように見える人々の方が、かえって人生への感激を失っている事実に気づいたという。この点に関しトゥルニエは自分自身が、数々の危機や衝撃をくぐり抜け、その都度、自分の人生の方向がまったく変えられてきたからだというのだ。それゆえ彼は、人生の解決不能の難問は、充実した人生を歩もうとするとき、単なる障害物であるだけでなく、手助けでもあるのではないかと考え、次のように主張する。

人生の充実は、ときには困難を乗り越えたときに感じられる喜びの中に見出されることもありますが、それよりもっとしばしば見出されるのは、たとえ困難は解決できなくても、その困難を謙虚に受けとめて、根気よくそれを耐えしのぶという姿勢においてです。なぜなら人生は勝利だけで成り立っているのではなくて、多くの闘いと縁の下の力持ち的な地味な仕事とから成り立っているのですから。(90頁)

じつに面白い指摘である。

というのは、この中でトゥルニエは、成功体験やある問題の解決というゴールが私たちにおいて大切であるのは当然だとしても、そうした結果よりそのプロセス、つまりどのような姿勢で善戦したかということもまた、それに劣らず大切なことだと言っているように思われる。

これは私たちが日頃体験している、何の課題や問題のなくなってしまうことより、そういう課題と取り組んでいることの方が生命の充実に関与してくるという意味内容であろう。

そしてこのくだりは、すでに捕らえたとか賞与を得た(goal)というのではなく、賞与を得ようと努めている、走り続けている(process)という、パウロの信仰告白の言葉にも符合するように思われる(ピリピ3章)。

そして私にとってこの指摘は、安易な妥協、安易な信仰のあり方、つまり、神を信じれば、その道は安全で祝福が約束されているかのように宣伝する福音の説き方に対しても、再考を迫るものであった。

つまり、問題が解決することは確かに祝福であるに違いないが、解決せず、容易にメドの立たない中で試行錯誤を繰り返す歩みもまたそれに劣らず一つの祝福と言えるのではないか、と考えさせるからである。

かつて『ほんとうの生き方を求めて』(ヨルダン社)を読んだ福祉の学生が、つぎのような感想文を書いてくれたことがある。

レポート9　旅人の背負うタンス

本書の「最後に残るもの」の章にある、「取り去ることのできないもの、外側からは手のつけられないものの価値を人は見出していかねばならない」という一文に触れ、若いとき授業で読んだ物語を思い出した。――旅人が大きなタンスを背負って歩いている。のどが渇き、背中のタンスはすごく重い。すれ違う人は、いかにも重そうなタンスを置いていけばいいと声をかける。旅人は、しばしタンスをおろして体を休めるが、またそれを背負って歩き出す。――そんな話だった。

人が背負っているタンスの中身は何だろう。重いのになぜ降ろしていかないのだろう。それがひどく気になった、どういう訳か今でもこの話は鮮明に覚えている。自分とは何だろう、人生とは何だろうと、しきりに考えていた時期だった。背負うということ、それは確かに重いということに違いないが、確かに人は何かを背負って、いや背負わされて生きている存在と言える。そして私も現に、タンスを背負って歩いていることを、「最後に残るもの」を読んで改めて考えた。

失敗や性格的な欠点の持つ積極的な意味

今述べたように、私たちはみな成功主義者であるから、失敗や弱さ、とりわけ自分の持って生まれた癒しがたい性格の弱さ、偏りなどは許しがたいもののように捕えがちである。にもかかわらずトゥルニエは、そのような落ち度や失敗も、神の御計画の下で光を得るのではないかと、主張する。

神の計画は、神からの霊感を受けた人間が、神のことばに従ってあげた成果によって実現するばかりではなく、人間の過ちによっても、罪によってさえも実現するのです。このことの極端な例がユダの場合です。彼は全人類の罪の象徴となりましたが、それにもかかわらず、彼は神の救済計画の中に自分なりの位置を占めています。イエスご自身ユダに言われました。「おまえがしようとしていることを、今すぐするがよい」（ヨハネ13・27）と。

私がこのことにふれたのは、たまたま、ある一瞬の転轍の誤りによって間違った方向へと連れられていってしまったために、自分の人生はもう失われてしまった、と思って慰めを得ないでいる人々の心を少しでも鎮めたいと思ったからです。誰ひとりとして神の計画からこぼれおちる人はいません。どれほど多くの廃墟と瓦礫に取り囲まれようとも、私たちはあらゆる瞬間に神の計画を見出すことができるのです。（中略）

例えば使徒パウロという攻撃欲のかたまりのような性質をもった一人の男性を観察してみましょう。彼は持ちまえの妥協を許さない性質で、いままさに成立しようとしている教会を、およそ情容赦もなく、熱心に迫害しました。ところが彼がダマスコへいく途中でキリストに出会ったとき、彼の人生のコースは一変してしまいました。とはいうものの、彼の持って生まれた性質は、このコース変更にもかかわらず、全然変わることなく元のままでした。つまり彼は攻撃欲をずっと持ち続けたのです。そしてこの攻撃欲は神のみ手の中で福音伝播のための強力な武器となりました。

このように考える私たちが現在、道徳主義からどれほど遠ざかっているかに、よく注目しましょう！　今となっては、私たちの性質が善いか悪いかを知ることが問題なのではなくて、私たちが自分の性質を神の計画にかなうように用いているかどうかを知ることが大切なのです。（104〜105頁）

この一文は私が『人生の四季』というテキストを読んで大いに教えられ、励まされた思い出深い文章である。というのも私たちは自分の心の中を覗いて見ると自分自身が気に入らないし、自分で自分に満足できず、納得できないところの多々ある者である。

そしてそうした自分に愛想をつかしている。

しかしこのくだりは、人間的な弱さ、失敗にも意味があり如何ともしがたい性格の歪みでさえ、人は何かのために、いや誰かのために働いてこそ、その生が意味を持ってくるということを示唆しているのではないだろうか。

そして私たち信仰者の模範とも目《もく》されるパウロが、ダマスコの途上でキリストに出会ったからといっても、その攻撃性がいささかも変わらなかったというトゥルニエの視点に、私たちは大いに励まされる。

もしかしたら、生命というものは、確かに自分自身に与えられたものであることに間違いがないが、もう一つ他の側面、他者のため、つまり何かに結びついて初めて、その本来のあり方が意味を発揮するということなのかもしれない。

(3) 秋：壮年期・実り

第二の転機

このように、人生の影の部分と思われたものの中にも光を発見していく時期が秋であり、冬の到来だとトゥルニエは言う。

そしてこういう気づきに近づいたとき、人は、もう自分は若い時期を脱却しつつあることに気づくのだと言う。

次のレポートは、ひとりの牧師夫人のものである。

レポート10　私の恐れていたもの

今回はこのテキストの中に、三年前に読んだときには気づかなかったことや、あまり深く考えにも止めなかったところに強くひかれるものを感じ、自分自身の内側の変化を興味深く感じた。

とりわけ心の中の光と影、人生の光と影ということについて深く考えさせられた。

結婚して二人で生活し始めてしばらくして、自分自身の内に、どうしようもないあるものが何度も現れ、自分の弱さや罪の姿と真正面から向き合わざるをえなくなったことがある。

また、教会の中に、どうしても性格の合わない人が出現して、その人への恐れから不自由になり、苦しい心の闘いを繰り返す日々が続いていた。

そうした中で、投函するあてのない工藤先生への手紙を何度も綴ったことがあった。どうがんばってもがいても、努力しても、その恐れや弱さから目をそむけることができなくなった。そんなおり、私たちは開拓伝道に出ることになった。そしてさまざまな過去を持った人々と多く出会い、人生の光と影ということを深く考えるようになった。（中略）最近、ある人との交わりの中で、自分が神でなく人を恐れていたこと、焦っていたことを知らされ、心の中の固まりが溶けて楽になる経験をした。

また改めてこの時期、『人生の四季』を読み直して、そんな自分自身の姿をありのままに受け止めることが、今の私にとって大事なのではないかと思うようになった。

確かにこれまで、人間関係にも、置かれた場所にも、自分の納得のいく答を出そうと懸命になっていたように思う。

しかしこの本を読み直すことで、自分では答えの出せない今の季節を、あるがままで受け止めて生きていってよいのだと、背中をたたかれたようであった。

罪の実体から目をそらさず、永遠不変の闘いを闘いつつ、大人の罪意識を持って歩んでいきたいと思う。

勝利よりもっと豊かな成果

今引用したレポートの中に私たちの心が励まされる内容のものが一つある。〃自分では答えの出せない今の季節を、あるがまま受け止めて生きていってよいのだと背中を押された思いがした〃という表現である。

〈人生の四季〉というテキストに次のような内容文章がある。

成功と失敗という問題が、聖書ではどのように取り扱われているかを見るのは、興味深いことと思われます。旧約聖書の原始的な時代にはこの問題はしごく簡単に述べられています。神は、神に従順に聴き従う者に成功を約束します。イスラエル人の敗北はすべてその民が神に不従順だったせいにされ、勝利や幸福はすべて神・ヤハヴェに対する従順の直接的な褒賞とみなされます。ここでは私たちはまだ、原始的な諸宗教や神話的古代の宗教の非常に近くにいるわけです。これらの宗教では、人間は神々や諸霊の好意を得ようと努力していました。それからやがて偉大な預言者の時代がやって来ます。『ヨブ記』や『詩篇』の詩人たちの時代です。この時代は熟考の時代であり、しばしば激しい反抗の時代でもあります。神は往々にして自分の敵に勝ちを得させ、自分の最も忠実なしもべに試練と敗北をこうむらせます。悪しき者が成功するという事態は一体なぜ起こるのだろう？　こういう不正に対してわれわれはどう考えるべきなのか？　多くの預言者たち、とりわけエレミヤは、さんざんこういう問いをかかえて苦闘したのちに、未だに誰からもくつがえされることのない次のような一つの結論にたどりつきました。それは、勝利よりももっと深く、もっと勇ましく、もっと実り豊かな成果が存在するのだという考えであり、また、奇蹟とは、敗北や不成功を受け入れることであるという考えです。（114〜115頁）

勝利よりももっと深く、もっと勇ましく、もっと豊かな成果が存在するのだという考え方などは、およそ勝ち気にはやる若い時代には思いつかず、まして敗北や不成功を、それはそれとして受け入れることなど、とてもできないことである。しかし、私たちの前に見せかけの失敗や敗北で、人生は決して終わりでない新しい地平が開かれているということは、何とも素敵な発見である。

（4）冬：老年期・統合

老年期に見出す光

老年において、私たちは何かの光を見出し得るのだろうか。トゥルニエは、断片と断絶の中に一つの統合、連続性の橋が架けられると言う。

一つの人生の歴史は一つの運命を意味します。私たちが運動をとらえる感覚や、人生の統一をとらえる感覚を再発見して、あらゆる出来事が過去と未来との連関に立っているこ とを見出すことによって、まさに私たちが人間を孤立的に、個々の場面場面でとらえてい たときには見逃がしていた、独特の人間的なものを再発見することになります。それぞれ の瞬間のどれもがそれ自体だけで一つの意味を持つというわけではありません。個々の瞬 間がいくつか連なってはじめて一つの意味が生まれるのであり、それらの瞬間の連鎖が、人 間をある段階から次の段階へと変化させ、その人なりの完成へと導いていくのです。人生 の途上で起こる一つ一つの出来事がすべて積み重なって、ある一人の人間の運命が成就さ れるのです。同じように一つの有機体においても――ルコント・ド・ニュイ(1833～1947フ ランスの生物学者)が指摘したとおり――どの部分、どの細胞、どの器官も、それだけで一つ の意味を持つことは決してなく、これら諸部分が結合して一つの全体になってはじめて一 つの意味を持つのです。生命が続くかぎり、すべての器官は運動を続け、不断に変化し発 展し続けます。(142頁)

読書会の中で、この箇所は、五〇代、六〇代の人がよく反応した点である。

つまり、この年代の方々は、今まで個々の、また断片的に経験してきたあれこれの出来事が支流となって、人生という大河に連なっていたことを発見し、あれはあれでよかったのではないかと、それらの意味を見出し、少なからず自分自身の人生に肯定感を抱いたのであろう。

それゆえ人生というものは、生き抜いて、つまり先に進んでこそ初めて、通らされた体験の意味が分かってくるのであろう。

拙著『ほんとうの生き方を求めて』（ヨルダン社）という本に、次のような印象深い詩を紹介している。

家が貧しくてよかった
さみしい田舎でよかった
お母さんが病気でもよかった
いたわってあげてよかった
よろこんでくれてよかった
色盲で医者になれなくてよかった
牧師になってよかった
なにもかもよかった

（『万華鏡』河野進：聖恵授産所出版部）

この詩人もまた人生の晩年その歩みを総括し、〝あれはあれで良かった〟という〈統合〉の作業をこの詩にまとめただけかもしれない。

喪失の悲しみから新たなる自由の獲得へ

加齢という、誰しもが経験するこの時期の〈喪失〉体験からも、私たちは大切なことを学ぶ。次のレポートは、『人生の四季』と並列して学んだトゥルニエの『老いの意味』を読んだ、あるご婦人によって提出されたものである。

レポート11　ありのまま受け入れるとは

この章を読みながら、たった一つの人生の旅路を大切に生きるとは、どういうことなのかと考えました。最近、今まで聞いてきたことの逆説に目を留め、考えさせられることが多くあります。私たちの年代、四〇代、五〇代になると、得ることよりも、失っていくものの方が多くなります。失うことは苦痛を伴い、人生の風景を変えてしまうことがあるほどです。

失うことを喜び、よいイメージを浮かべる人はいるでしょうか。失うことに意味を見出すのは、私たちにはとてもむずかしいことです。それどころか、私たちは喪失感の中で長い間、「どうしてなのか？　なぜなのか？」ともがき続けます。そして、自分の不完全性を見せつけられて苦しみ、現実を受け入れることのむずかしさを感じます。

得ることは喜びであり、幸せ、そして失うことは悲しみであり、不幸という公式の中で長い間生きてきたことが、よりいっそう自分を惨めにし、不自由にします。

しかし最近私は、放棄して味わうことのできる爽やかさ、自由、心配からの解放、気楽さというものがあるように感じ始めました。

つまり今までは、やっと手に入れた幸せを自分の手の中に握りしめていることが幸せで、それを手放すことなどとてもできない、それは不幸の始まりと考えていたのですが、手放せない不自由さ、握っていることのしんどさというものがあるのではないか、ということに気がついたのです。

だから、老いを受け入れるとは、自分の手の中から、これだけは失いたくない、手放したくないと思っているものを放棄することではないか、とも思います。

この時代に私どもが体験する喪失の経験は、実は私たちを、新しい方向に押し出すきっかけとなり、不幸と思われることが、幸福に劣らず、人生に意味を与えてくれ、さらに広い世界と未来に繋げてくれることにもなるのではないでしょうか。

失うことを現実に経験するとき、喪失＝不幸、獲得＝幸福という公式が、あまりに単純で浅薄なものの見方であったことに気づかされます。
この世の中には、マイナスのイメージを持っている事柄が、プラス思考を与えることもあることを知りました。

この方はご家庭の事情で、しばらくの期間大変苦しまれた方である。けれども、その中を通って分かってきたことは、人間は握りしめたり獲得したりする自由は持ち得ても、手放す自由というものを、案外持ち合わせていないのではないか、という発見であった。

示唆深い内容の話しである。というのは私たちのまわりには老年期の大切な課題つまり〝手放す自由〟の獲得に至らず、老年期の〝執着心〟の恐ろしさを示す人々が少なくないからである。一つの〝老醜《ろうしゅう》〟とも呼ぶべき事態である。

そして、『人生の四季』に続くトゥルニエの『老いの意味』というテキストには〈未完成こそ人間の条件〉とか〈断念こそ老人の英知〉などという素敵な言葉が多く盛られている。

神を知ることの深まり

トゥルニエは私たちの「神を知る」プロセスも、年代と共に変化していくという。

私は神を、子どものころすでに知りましたが、それはまだ非常に素朴な知り方でした。（中略）この幼年期の神認識が、二、三の抽象的な神のイメージ――たとえそれがいかに正しかろうとも――を乗り越えて成長するためには、一つの大きな転換が必要でした。（中略）それ以来、イエス・キリストは、日々私の見えざる道連れとなり、私の成功と失敗の証人となり、喜びと悩みのときの信頼するに価する親友となってくださいました。この、イエスと共なる人生において、神の認識は限りなく確実なものとなり、詳しいものとなっていきます。（149～150頁）

「トゥルニエを読む会」で、『人生の四季』を取り上げて間もなく、まだお若いのに次のようなレポートを提出してくれた人がいた。

レポート12　年齢を経て見えてきた恵み

今まで、年をとるということに、何となくマイナスのイメージがつきまとっていました。しかし、いろいろなことを経験し、年齢を経て初めて見えてくる神の恵みがあることに気づきはじめた今、この本に出会えたことに改めて感謝したいと思います。

つらくて受け入れられなかったことや、受け止められなかったことにも大きな神の御手が働いていて、それがあったから今の自分があると言えるようになってきました。そのようなときに、人間の発展と成熟になくてはならないものは、神との出会いであり、すべての出会いの背後に神の臨在があるとのトゥルニエの言葉に、何ともいえない神の肯定――まるごと受け止められているという安心を感じました。

このすべての出会いの背後に神の導きがあるというトゥルニエの主張は『生の冒険』の中の言葉「私たちの生涯に、決定的な影響を持つような人や言葉、文章に私たちを出会わせ、これを聞かせ、読ませるのは神である」を思い起こさせる。（233頁）

よく考えてみれば、私たちの中の誰ひとりとして伺う意志してこの世に生まれた訳でもないのに、次から次とさまざまな出来事に見舞われ、傷つき、失望、失意を新たにするこの生をまっとうするということは、単純なことのように見えていて、じつは、とてつもなくやっかいなことではないだろうか。

しかし、神の御光の中でそれらは、新たな視点を回復することがあるとすれば、一人ひとりの人生に神が、寄り添っている御方がおられるということは、何と幸いなことだろうか。

神という道づれ

後述する『生の冒険』のテーマは、「冒険を好まれる神」が、一人ひとりの生に立ちいたってくださることを明らかにするものであるが、本書にもそれに連なる表現を見ることができる。

> 神は人間を自分の姿に似せて創られました。これは神が人間に、行為への衝動と創造意欲を与えて、人間を神の共働者にしたいと希望しておられることのあらわれです。（しかし）瞑想と行動とを対立物と見なして、神が望んでおられるようにこの両者を結び合わせようとはしない人々があまりにも多すぎます。（中略）聖書の神は行為する神なのですから！　神は決して、運命の打撃のもとであえいでいるこの世をほったらかしにしたまま、安息をむさぼるような方ではありません。この神は生きて働く神であり、歴史に参画し、自分が選んだ民族の運命に――その勝利にも敗北にも――連帯責任を負うことを表明している神です。そしてこの神は、人間一人ひとりの人生に関与し、成功の喜びを共に喜び、敗北の絶望を共に悲しんでくださる神です。（98頁）

創造主なる神が〈私たちを神の共働者、同労者にしたいと希望しておられる〉とは何と素敵な言葉ではないだろうか。

そして次の下りは、この本の結論である。

たしかに私たちは十全な神認識に、この地上で完全に到達することはできないでしょう。しかしこの十全な認識はそれにもかかわらずこの地上で始まっているのです。使徒パウロがこう言っています。《私たちは今は鏡によって見ている》（第一コリント人13・12）と。神が私の生まれる前から私を知っていてくださったように、死の冬のかなたでは、顔と顔を合わせて神を知るようになることを、私はパウロと共に知っています。（149～150頁）

キリストの神が、死の戸口まで私たち人間に真実につき添われ、私たちの人生のすべての出来事との道程に意味があったと肯定してくださるとなれば、それは何と幸いなことであろうか。というのも本来私どもがこの地上に生を受けたということは神の〝gifts〟に他ならず神が私たちどもの人生の〝同伴者〟〝伴走者〟であるという発見が、その人の生を支えるものだからである。

最後に私はこのトゥルニエのイエス・キリストの神は〈私たちを共働者・同労者にしたいと望んでおられる〉という言葉に関して藤木正三牧師の〝私一人の神〟という断想を紹介してこの項を終えたいと思う。

「私の神！」

神はひとりびとりの生に立ち入り、時にさばき、時に慰め、時に励まし、時に強制するなど、働きかけてくださるでしょう。ところで、そのひとりびとりの生は全く違うのですから、神はそれぞれの人にとって、その人にだけ納得できるように働きかけていて下さるといえましょう。つまり、神はひとりびとりにとって、その人だけの神となってくださるのです。神ご自身、「私はアブラハムの神、イサクの神、ヤコブの神である」と、言われました。神を「私の神！」と人が呼ぶのは、決して独善ではありません。神のご希望であります。（『神の風景』240頁）

3　キリスト教は人間を抑圧するものか、解放するものか

さて、ライフサイクルやライフステージに対する見方はこれまでとして、この本の第4章に、私たちキリスト者にとって真剣に考えねばならない一つの大切な章が設定されている。それは、「キリスト教は人間を抑圧するものか、解放するものか」という興味深いタイトルのものである。私が初めて『人生の四季』という本を読んだときどうしてこのようなタイトルの章がここに置かれたのかがよく分からず、何か〝唐突〟の感がしたものである。しかし、トゥ

ルニエの本をあれこれ読んでいるうちに、私はその重要性に改めて気付くようになっていった。このことについては後ほど言及するとしてこの章は、次のような書き出しで始まる。

私たちの教会に、意気消沈していて一人前の大人になりきっていない人がこれほどたくさんいるというのは、一体どこに原因があるのでしょうか？（69頁）

トゥルニエにこのような疑問を抱かせたのは、一人のカトリック聖職者の訪問であった。彼は教会に通ってくる信心深い人々のうちに、人間として成熟した人格を持っている人はごくわずかしかおらず、大多数は未成熟な人々ばかりということに心を痛めていたのである（65頁）。そして、もしかしたらプロテスタント側では事情が違うのだろうか、という疑問を抱いてトゥルニエのところに足を運んだのである。しかし事情は、同じであった。

プロテスタント教会もまた、過半数は生気がなく、もの悲しげで疲れた心の持ち主によって占められてると、トゥルニエもまた認めざるを得なかった（69〜70頁）。

この原因は、いったいどこにあるのだろうか。

トゥルニエはそれを、偏ったキリスト教の結果と考え、健全で真正なキリスト教の本来の姿とは異なると主張する。

そして当時多くの人たちは、「教会は人格の発展を促すどころか抑圧する」と教会を責め、かなりの数の臨床医は、自分たちこそ、いじけた人々を不安と疑いの念から解放する新しい福音の使者であると考えていたという。

そしてそれは、心理学が、できるだけ健全な人間の発展を追い求めるのに反し、教会は、人間に自己否定を教え、この世の楽しみを断念するように教えてきた結果ではないだろうか、そしてその根底にあるものは、福音がもたらす自由というより、一種の道徳主義ではないか、とトゥルニエは指摘する。

（1）欧米の教会に台頭した新たなる律法主義・道徳主義

そこでトゥルニエは、この本が書かれた時代に、いたるところでキリスト教会を蹂躙していた道徳主義を次のように表現する。この点に関する記述は、少し長いがすぐれた分析のように思われるので、本文をそのまま引用してみよう。

チューリッヒ出身のテオドール・ボヴェー（1900～1976 スイスの精神科の臨床医。結婚・家庭関係の著書多数）はこんな話をしてくれました。ある牧師が宗教の授業時間に、「宗教とは一体何だと思いますか」と質問したところ、一人の少年が、「宗教とは禁じられていることすべてのことです」と答えたというのです。こういう問答は私たちをすこしも驚かせはしません。なぜなら、私たちと同世代の大部分の人間にとって、宗教的であるということはまず第一に、《お行儀よく》するように（模範的な子どもであるように）常に努力することであり、それは何よりもまず禁止条項をよく守ることを意味していたからです。

私たちが宗教的であるということをこんなふうに理解しているとしたら、私たちは何と聖書の精神からかけ離れてしまっていることでしょう！　聖書の中に登場してくる重要な人物がどんな人々だったか、ここでもう一度確認してみようではありませんか。聖書中に出てくる人々には、人殺し、嘘つき、嫉妬深い人、裏切り者、高慢ちき、姦夫、暴徒、そして売春婦などがいます。こう言ったからといって、もちろん私は皆さんに悪いことをするように勧めているわけではありません。ただ私がここではっきりさせておきたかったのは、聖書ではあくまで宗教的なものにアクセントが置かれているのであって、決して道徳的なものにアクセントが置かれているのではないということなのです。宗教とは、神とその恩恵を情熱的に追求することを意味します。これに反して道徳主義とは自分自身を追求することを意味します。別の言い方をするなら、道徳主義とは、善悪を自分の力で識別し、あらゆる過ちから自分で自分の身を守ることを自分に要求するということです。こういう人間は、自分はまちがっていないだろうかと始終びくびくしながら、真面目一点張りに、あらゆる楽しみを断念します。この態度が極端になると、しまいには神も必要ないし、神の恩恵もいらないということになるのです。

そしてこの文章はまた次のように続く――、

まことに、聖書の本質は、神の恩寵を啓示する書物であるという点にあります。神が喜びとされることは、人間と宥和し、神ご自身の無限で無条件の赦しを人間に与えることなのです。このように恩恵は、人間自身の努力によって正しい生活が営めるのだという考え方と真っ向から対立します。恩恵は、道徳主義という、人を窒息死させそうな緊張から私たちを解放してくれます。窒息死させそうな、とは何とうまい表現ではありませんか。この道徳主義教育の犠牲者たちは、道徳主義を信奉する彼らにとっての最大の心配の種である誘惑から身を守ろうとして、絶え間ないむなしい努力で、文字通りへとへとに疲れきっているように見えますから。彼らは、誘惑に負けるのではないかという不安、罪を犯すのではないか、神の罰を受けるのではないかという不安で、疲労困憊しているのです。この神の罰を受けるのではないかという不安は、まったく不法にも、教会が人々をおどかしたために生じたのです。とくに、そもそも罪とは何なのかをまだ全然知らない、素直で無邪気で何の罪もない子どもたちに向かって、教会がこういうおどしを加えたために生じたのです。（73〜75頁）

これらの文章の中で、私の注目を引く指摘は次の諸点である。

①聖書の強調点——聖書はあくまで宗教的なものにアクセントを置いているのであって、決して道徳的なものに置かれているのではない。

②道徳主義が追求するもの——宗教は、神とその恵みを情熱的に追求するのに対し、道徳主義はとどのつまり、人間、つまり自分自身を追求することを意味する。

それは行いによる自分の義であり、最終的には神を必要とせず、神の恩恵も必要としないという本末転倒の結果に至る。

③道徳主義がもたらすもの——人間に、恵みによるひろやかな解放を与えるかわりに、抑圧的な不安という重荷を人に与える。そしてそれは、以下のような心理傾向をもたらす。

自分は間違っていないだろうかと、人を終始ビクビクさせる。

真面目一点張りに、あらゆる楽しみを断念させる。

人を窒息死させるような緊張感に追いやる。
人をヘトヘトに疲れさせる。
誘惑に負けるのではないか、罪を犯すのではないか、神の罰を受けるのではないかという不安で人をおどす。

ビクビク、ヘトヘト、オドオド、窒息死……実に面白い表現である。そしてそれらはみな、本来、宗教に無縁でありながら、じつは身近にあって私たちを苦しめている性質のものである。

確かに人間は、おどしに弱い存在でないかと私は思う。

そしてこれは、私たちが何かに失敗したと思うや、ただちに脳裏をかすめる原初的な罪悪感を考えてみたらすぐに理解できるだろう。

たとえば子どもが学校に行かなくなれば、たとえそこに学校病理や社会病理といった原因が横たわっていようと、（例えば、画一的な管理教育は個性豊かな子どもにはそれだけでも圧迫感を感じるであろうし、学力至上主義と言った評価主義は明らかに子供の心を傷つける。また近年ではおびただしい数の中学生、高校生が〝いじめ〟問題で生命を落としている）親は自分の育て方が悪かったのではないかと、自分に非を求めるに違いない。そしてそうした異常な現場に過剰適応した子どもの方がむしろ不健全であるなどとは思い及ばないにちがいない。またキリスト教信者ならさしずめ日曜日の教会の礼拝を休み、翌日の月曜日に軽い交通事故に見舞われたら、人はきっと内心、これは礼拝を休んだ罰かもしれないと考えてしまうに違いない。

このように道徳主義、律法主義に陥ったキリスト教は目に見えない形で人びとをおどし、萎縮させるのである。これは恐らくグリューンの指摘する「従順という心の病い」に通じる歪んだ宗教の病理であろう。

(2) 道徳主義の浸透

『人生の四季』は、一九五〇年代の欧米のキリスト教界を背景に書かれたものであるが、二〇〇〇年代の私たち日本人はいったいどの程度、トゥルニエの指摘する律法主義から自由になっているだろうか。私自身が経験した様々な相談事例を振り返ってみると、トゥルニエの指摘は、二一世紀を迎えた日本のキリスト教界が内包している問題を、正確に射抜いているように思われる。そして私はここに、すぐれた先人の本を読むべき意味があるように思う。

あるキリスト者のジレンマ

次のレポートは、信仰生活に行き詰まりを覚えていた方からのものである。

レポート13　自己否定と自己肯定の両立について

『人生の四季』の、「キリスト教は人間を抑圧するものか、解放するものか」という章の中に、長い間私が求めてきた、「自己否定と自己肯定のジレンマからの脱出」が書かれています。

これまでの私の信仰生活を振り返ってみると、初め、主イエス・キリストの十字架の贖いを信じ、その生活は喜びの内に始まりました。その後、バルナバのように謙遜で、立派で、聖霊に満たされたクリスチャンでありたいという願いが強くなってきました。

しかし、信仰の先輩や他の働き人の姿を見ては、他の人が持っているのに自分にはない、人にはできるのに自分にはできないことがあることに気づくようになりました。

私はしばしば羨望の思いにかられ、いつしか人からの名誉や評判を探求し、愛し、それを求めるようになっていました。

つまり今思うと「良い行い」(エペソ2・10) にばかり心が奪われ、神の力を利用してでも強くなりたい、立派になりたい、罪から解放され、多くのものを持つことにより、自分の位置を他人よりも優位に置くことによって安定を保とうとしていたと思います。

一方、ありのままの自分は貧しく、弱く、汚れ、傷つき、醜いものであることに密かに気づいていました。

自分自身を強く責め、非難し、謙遜になろうと努めていながら、親切、あわれみ、柔和、忍耐などが欠けていることを自覚していました。

また、罪を犯すのではないか、誘惑に負けるのではないかという不安で疲れきって、神を愛することも、自分を愛することもできず、しだいに不安定になっていきました。これはこの本の表現を借りると、「善悪を自分の力で識別し、あらゆる過ちから自分で自分の身を守ることを自分に要求するということです。」（74頁）

このように、神からのメッセージに対して私は上すべりな応答しかできず、神が私を個人的にまた内面的に取り扱い得る機会や時間を与えることをしてきませんでした。

いやむしろ、当時の私は失敗や認罪を繰り返し経験しても、罪と正面きって対決することを避け、軽々しく自分の罪を認め、新規巻き直しの決意をしさえすれば、心からの悔い改めと古い生活の放棄ができるかのように錯覚していました。

こうした中で、私はトゥルニエの次のような文章に出会いました。「真の自己否定、それは私たちの人生に神の支配を認めることであり、私たちの我意の放棄であり、神の導きに自分をゆだねて、神が自分に何を期待されるか示された通りに生きていこうというかたい決意です。（中略）私たちはこの自己否定と自己肯定の双方を矛盾なく調和させることができるのです」（82～83頁）。よく考えてみると、自己否定と自己肯定の双方を調和させることは、何とむずかしいことでしょう。

人生の充実を求めながら、相変わらず中途半端で、高慢と自己嫌悪の間を行ったり来たり、揺れ動きながら生きている自分です。今、私は年齢的にすでに人生の冬にさしかかっていますが、遅まきながらも、自己否定と自己肯定の双方の両立について学び、思索し、深めることができたらと願っています。

このように見てみると、私たちは救われた、救われたと言っても、まだまだ内なる律法に左右されていることが分かる。

さらに注目したいことは、クリスチャンと呼ばれる人々の中にも、何気なく分かったつもり、救われたつもりで走りまわっているキリスト者が少なくないであろうし、彼らよりまじめに自分自身を見つめ、少しでも神に自分を近づけたいと願っている人々の方が、このジレンマに苦しめられているらしいことが分かってくる。

一方こういうレポートを見るにつけ、私が『信仰による人間疎外』という本を書いてからずぅーと考え続けているテーマすなわち教会の教え、また様々な人間関係の不調和音の中に、実は巧妙にこのトゥルニエの言う新しい律法主義、道徳主義が入り込んでいるのではないかということである。

すなわち、私たちの中には福音理解が未消化なまま、道徳主義で突き動かされた「熱心に奉仕する」「立派な信徒」を素晴らしいとする風潮、体質がありはしまいかということである。

換言すれば、教会は福音を説きながら、実際は福音に生きていない現実があるのではないだろうか。

聖書を忠実に伝達する責任

それでは、このようなキリスト教の偏りは、いったいどこにその責任があり、誰がその責めを負うべきなのだろうか。

次のレポートは、そのへんの問題を考えるに当たりヒントを与えてくれる内容のものである。

レポート14 立ち往生していた私

工藤先生から『福音は届いていますか』（藤木正三・工藤信夫）というタイトルの本を始めて紹介されたとき、内心、「どきり」としました。

「何が書いてあるのだろうか」と中身を読んでいくと、「あなたの心、あなたの疑問、あなたの教会に本当の福音は届いていますか？」と言われているように聞こえてきました。

この本は、そのころ感じていた教会に対する矛盾と失望の中にいた私の心をとりこにしました。

三〇年以上通い続けていた教会に対して、「なぜ教会はこんなに疲れる所なのか？　どうして私の魂はくつろいでいないのか？　教会で語られていることと、聖書が言っていることとは違うように思うが、神の願いは、本当にそうなのだろうか？」と感じていました。

私自身、年を取って昔のようにドゥーイング（doing）の世界に浸り切っていた若いときのようには行かず、立ち止まって、少し考えたい時期でもありました。

何とタイムリーなこの本との出合いだったことでしょう。

教会生活に行き詰まり、立ち往生していた私に、この本は「あなたが、疑問を持つのは不思議なことではないのですよ、当然の行き詰まりですよ、そのままでいいのですよ、変ではありません」という、安心感を与えてくれました。

とりわけこのテキストの中の「先ず」という断想！「何を措いても先ずしなくてはならないこと、それは、私はこれでよいのだという自己肯定です」というところを読んで、生き返る思いがしました（135頁）。そして、この本を全部読み終えない内に、私は今の教会生活に終止符を打とうと決意していました。

私が長くいた教会では、私の耳に、「あなたは罪人です。自分を捨てて隣人を愛しなさい」

と強調されて聞こえていたので、そのような自分が隣人を愛するなんて不可能だと感じるのは自然なことでした。そしてそんな自分はいつも、この世界にいてはいけないような気がしていました。しかし、幾らそう言われても現実の私は私であって、ありのままの私でしかあり得ません。そんなおり、この本から「あなたもここにいていいのですよ」と言ってもらっているようで、目の前の景色が変わり、生き方まで変わってくるような経験をしました。

長い間、何とずさんな御言葉の解き明かしを聞いてきたことでしょう。そしてそんなにそうしたメッセージに心乱されてきたことでしょう。とくにこれから人生を切り開いて、社会の担い手となって行く若い人たちへの影響力を考えて、聖書に忠実な解釈と神の愛の心とをもって教会は語って欲しいと心から願います。教会でなされていることは、人の人生に重要な関わりを持っており、責任の伴うことなのですから。

この、人を赦した断想とは次のようなものである。

先ず、何を措いても先ずしなくてはならないこと、それは、私はこれでよいのだという自己肯定です。それは、自己満足ということでも、無反省な自己追求ということでもありません。私たちを縛っているさまざまな社会的規準や道徳的価値から、自分自身の人生を自由に解放して、大切にするということです。生きる上での一応の目途に過ぎない人間の作った規準や価値に縛られ、私たちは折角それぞれに用意されている自分の世界が、すっかり見えなくなっています。それを見出し、それを楽しむ、その為に先ず自分を肯定すべきなのです。（『福音は届いていますか』135～136頁）

大人の罪意識と成熟の関係

さて冒頭の話に戻ってトゥルニエが「人生の四季」というテーマの本の中の、春から夏にかけての間に、〈キリスト教は人間を解放するものか、抑圧するものか〉という、意表を突くような項目を突然入れた意図は何であったろうか。

推測の域を出ないが私はこれを、人間を律法主義的な「子どもの罪意識」から「大人の罪意識」への移行による新しい自由への橋渡し、つまり、子どもの罪意識のままでは、人間は本当の成熟を遂げられないことを、トゥルニエは言わんとしているのでないであろうかと考えている。

今まで述べてきたところから言えば、自分はちっともやましいところがないぞと鼻高々で主張するのが子どもの罪意識であり、ピューリタニズムの正義感（77頁）と言える。実際、子どもは小さいころ、自分が何事かがよくできたとき、承認の要求よろしく「見て、見て……」と親の注目を引き、次に、「スゴイデショ」と同意を求めるし、小学校時代などは、グズグズしているクラスの友だちに、「お前どうしてそんなに遅いんだ！」などというおどしを平気で言う。

つまり子どもの罪意識とは、ややもすれば他人との比較における優勝劣敗の姿勢であり、人の弱さや悲しみを思いやることなく他を断罪する姿に傾きやすい。これに対して、トゥルニエの言う大人の罪意識とは、「あらゆる悪、あらゆる不正、そしてこの世のあらゆる苦悩を自分と分かつことのできない悪の存在に共同責任を感じるところに存在する罪意識である。」（78頁）

ヨハネの福音書の中の有名な姦淫の女に対する主イエスの「あなたがたの中で罪のない者が、まずこの女に石を投げつけるがよい」という御言葉（ヨハネ8・7）は、こうした原初的罪意識を表現したもののように思われるが、この罪意識から離れることのできる人は一人もいず、私たちは、弱さや躓きを持った人との連続性を見出してこそ人は真の連帯にいたることを教えているのではないだろうか。

次のようなレポートを提出した人がいる。

レポート15　神の恩寵へのさらなる信頼へ

次のトゥルニエの言葉について感想を述べたいと思います。「子どもの罪意識とピューリタニズムの正義感にとって代わって、近代文学によって——カミュ、シモーヌ・ヴェイユ、サルトルなどの作家たちによって——、まったく別種の罪意識があることが明らかになりました。この非キリスト教的にみえる全く別種の罪意識こそが、実は聖書的な次元の罪意識なのです。」（77～78頁）

私はクリスチャンとなった初めのころ、「聖書を神の恩寵を啓示する書物」としてよりも、キリスト教のテキストとして、「学ばなければならないもの」として読み始めたように思います。その結果、私の罪についての理解は、長い間、子どものレベルに留まったと思います。すなわち「悪とは両親が禁じていることで、それをすると叱られる」ものであり（51頁）。この意識は、「過ちを犯すのではないかという抑圧的な不安の重荷」（73頁）に容易に結びつきました。

こうして、神の愛というものを知るきっかけに用いられた幼稚な罪意識は、その後、長い間、頑固に私の心の深いところに居座り続けました。しかし神の細い声は、聖書の言葉、メッセージ、霊的な書物、自分や人との対話、絵を見ること、音楽を聴くこと、自然の中に自分を置くこと——私の日常のあらゆることを通して響き続けました。そして、失われた子羊をどこまでも探し求める神の深い愛を知って、人間の種々な過ち、また実存にかかわる根源的罪をはるかにカバーする神の無限大の赦しと救いというものに、思いを深めるようになりました。またそれは、成熟へと向かう罪意識を養ってくれ、神の恩寵へのさらなる信頼へと私を導いてくれたように思います。

(3) 律法・道徳主義の占めるべき位置

新たな律法主義の台頭というテーマで、私たちの信仰生活、宣教生活に忍び込む道徳主義の弊害を見てきたが、言うまでもなく、律法そのものが悪いわけでも道徳主義それ自体が悪であるのでもない。

パウロはガラテヤ人への手紙の中で、律法を「養育係」と位置づけているし(3・24)、主イエスも、わたしが来たのは律法を廃するためではなく、成就するために来たと言われているからである。(マタイ5・17)

しかし、信仰者として、また臨床医として長年余にわたる臨床体験を振り返って見たとき、律法や道徳主義には致命的な欠陥があると思われる。それは人間の弱さ、もろさに対する十分な共感や思いやり、聖書的に言えば「憐れみ」の欠如である。

たとえば、次のような断想がある。

正論と愛

わかっていて止められないのです。浅ましいと思いながら執着するのです。どうでもよいことに意地をはるのです。この人間の愚かさ、弱さ。それに甘えてはなりません。しかし、道理の通った正論でこの弱さをさばかれてはたまらないのも事実です。正論とは、道理は通っているが人間に届いていないせっかちさです。道理は通っていないが人間に届いているゆるやかさ、それを愛と言います。道理が通っていないという理由でこれを斥けてはなりません。人間の弱さに対する洞察において、正論は遠く愛に及ばないのです。

（『福音は届いていますか』262〜263頁）

人間は確かに〝分かっていても止められない〟存在である。また〝それが良いと分かっていても〟その通り生き得ない存在である。だから人は皆、非難され批判されることを恐れるのであろう。

さらにまた、律法主義の恐さについて触れるとすれば、とかく人間は熱心であればあるほど、まじめに考えれば考えるほど、「こうあらねば……こうしなければ……」と自己拘束的になり、またその反動として他者を断罪的に裁いたり、評価したりする傾向に走る。

「ねば思考」の悲劇について、次のような断想がある。

あらねばならぬ

欠点のない人はいません。そして、容易に直らないのが欠点です。直らないからといって、自分を責めても、人を責めても疲れるだけです。こうあらねばならぬと自分に注文をつけて欠点のない自分を追い求める前に、欠点のある自分をそのままに受け入れましょう。こうあらねばならぬと相手に注文をつけて欠点のない相手を期待する前に、欠点のある相手をそのままに受け入れましょう。あらねばならぬと構えるのは真面目かもしれませんが、人生を勘違いしています。人生はそのまま受け入れて良いように既にゆるされたものです。

（『福音は届いていますか』62頁）

実のところこの2つの断想は『福音は届いていますか』の本の読者の反応として、最も多くの人々が〝思い当たります〟と言ってくださったものであるが、私たちの日常生活にそれ程深く侵入している思考パターンでないだろうか。

この点に関し、この本の中でトゥルニエは律法による義、つまり人間の自己努力の空しさについては、「天使を装おうとする者は獣になる」というパスカルの言葉を引用しているが（76頁）、確かに私たちは、「天使になろうとして獣になってしまいかねない」存在（渡辺一夫）である。

先日ラジオでおもしろい話しを耳にした、民生委員を長年やっているというあるお坊さんの言葉であるが「正しいという字は、ちょっと立ち止まれ、と書いていますね。正論は人を傷つけやすいので、一寸立ち止まることが大切なのです」……と。

また「正論と愛」の話をした折り、離婚経験者の何人かのご婦人が言われた一言が今も私の記憶に新しい。いわく〝私が主人に言ってきたことは全部正論でした。〟確かに人は正しさだけでは生きられない存在なのであろう。それ故キリスト者は、人一倍人間の持つ現実に自覚的人間でなければならないと思う。

次のような言葉がある。

『狂気』なしでは偉大な事業はなしとげられない、と申す人々も居られます。それはうそであります。『狂気』によってなされる事業は、必ず荒廃と犠牲を伴ひます。真に偉大な事業は、『狂気』に捕へられやすい人間であることを人一倍自覚した人間的な人間によって、誠実に執拗に地道になされるものです。（大江健三郎『新しい人よ眼ざめよ』77頁）

パウロがガラテヤ人への手紙の中で、「御霊で始めたのに、今になって肉で仕上げるというのか」（ガラテヤ3・3）と表現しているが、確かに福音といえども、それが私ども人間の手に落ちると、律法的な努力に変化してしまうことがあるのである。この点に関し、トゥルニエはまた次のように主張する。

> 福音の光に照らして見るとき重要なのは、自分はちっともやましいところはないぞ、と鼻高々で主張することではなくて、自分の罪を認めて、謙虚な気持ちで頭をさげることなのです。（77頁）

律法には確かに断罪的な傾向が宿っている。

（4）成熟に至る道

それではいったい、人はどのようにして道徳主義から解放されつつ、人間としての成熟への道をたどることができるのだろうか。

おそらくそれは、以下に述べるような「疑い」「反抗」「強情」「失敗」「格闘」など、一見、人間の弱さと見えるものとの対峙をとおしてであろう。

この点この本の中に、「神は自分に反抗する人々を愛したもう」という印象深い表現がある。（67頁）

このことを分かりやすくするために、トゥルニエは、まずあまりにも上手に適応しすぎる人間の弱さを、一組の夫婦の例を用いて次のように説明する。

「私たちは一度も夫婦げんかをしたことがないのですよ」と無邪気に、しかも誇らしげに話しながら、まるで生気がないように見える夫婦を見たことがあるでしょう。このような徹底的な一致は明らかに、夫婦のうちの一方が相手に完全に順応してしまって、自分の個性をまったく失っているという事実のおかげなのです。実のところ彼らは二人だけでから に閉じこもってしまい、外の社会に適応することができていないのです。……

神が、人に彼と性を異にする一人の女性を配偶者として与えられた時、(人は)自分が降伏してしまうか、または相手を屈服させてしまうかのどちらかによって葛藤を回避することなしに、自己克服によって葛藤を真に解決しなければいけません。つまり、神は人間にほんとうの意味で成熟することを要求され、そうしむけられたのです。(65〜66頁)

トゥルニエは、古来、最も大きな働きをした信仰者たちは、疑いと信仰の間を行ったり来たりして、重苦しい心の闘いの中で、めちゃめちゃにかき裂かれた人々であったというが、『生の冒険』の中にも、疑う者が最も信仰的であるという表現がある。どうやらトゥルニエは、成熟に至るためには、反抗とか、失敗とか、試練など、心の荒野に出て、心の暗い谷底にゆっくり降りていく体験が必要だと言おうとしている気がする。

次のようなレポートの提出があった。

レポート16　苦悩の先にあるもの

私は結婚して以来、「妻は夫に従うべきです」という御言葉に少なからず抵抗を覚えてきました。

「御言葉が教えているから、夫の決めたことに従う」と難なく言ってのける同信の夫人たちをいぶかり、従うとは一体何なのか、なぜ夫に従うのかと尋ね求めて歩んできました。その分、家庭集会やキリスト教を土台としてカップルセミナーといった形でも、この問題が繰り返し浮上してスンナリとは従えない自分がいました。

そうした中で、トゥルニエの「これらの人物は、神との格闘を通してこそ成熟し得たのです」(67頁)という言葉に出会いました。そして〝成熟〟と〝成長〟は同列でないことに気づいたのです。

今、この気づきから何かそこから、人生の新しい季節が始まるような気がしております。

そして今、私自身の信仰生活を振り返ってみると、これまでの画一的、模範的な信仰者の歩みのみが強調され、もっとダイナミックな信仰があったことに気づくことが少なかったように思います。

トゥルニエの本との出会いが、ばらばらにあった心の中のピースを少しずつ繋げてくれ、苦闘の先に新しい季節の到来があることを知らせてくれました。

人生は何とドラマチックなものだろうと今改めて驚いています。

この項を終えるにあたり最後に私がもう一度申し上げたいことは、人生の節々に、『人生の四季』という魅力的なこの書をひもといて、静かに自らの歩みを振り返ることができるのは、大きな恵みの一つに違いないということである。

とりわけ人生のまとめや振り返りの時期に当る中年期にトゥルニエの、なおこの先に人生の味わいがめぐってくるという気づきは、私たちを元気づけその生を励ます。

もしかしたら私たちキリスト者は神を信じているようで、そのじつ道徳主義や律法に蹂りんされている所が大きい存在なのかもしれない。しかし〈裁きの精神〉や優勝劣敗の姿勢があるところでは宗教といえども人を狭量に、また、不自由にしてしまうことは事実である。

4章　『結婚の障害』――相違の持つ力――

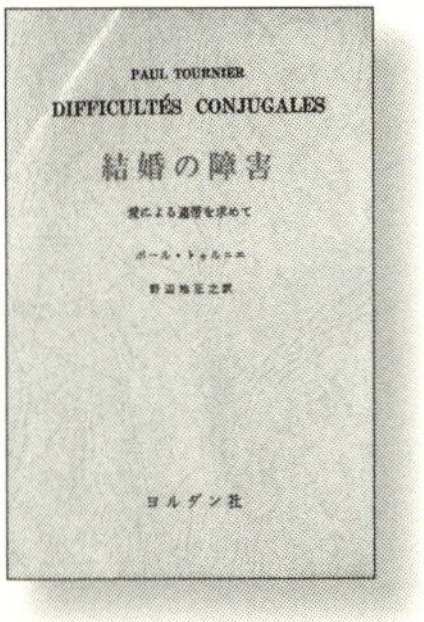

『結婚の障害』は『人生の四季』と並んで、その頁数も手ごろで読みやすく、かつまたそのテーマが私たちの身近なところに位置するため、読書会で好んで取り上げられたテキストである。

その上もっと面白いことにこの本は、取り上げられるごとに、参加者にとって新しい発見があったようである。

おそらくこれが、ポール・トゥルニエの著作全体に通じる魅力の一つであろう。つまり年輪を重ねる度ごとに参加者には新しい発見、気づきがあって、私たちの生が深まりを増すという事実である。

1　本書の要旨

さてこの本は、通常のように1章、2章、3章と分けられてはいなくて、以下に述べるような一一項目による目次から成り立っている。

・理解しようとする心　・神秘な島　・心のとびら
・勇気　・愛　・人さまざま
・男と女　・愛における男女　・助力と理解
・過去の役割　・キリストへの黙従

ここではとりあえず、次のような順序に従って本書の要旨を紹介していくこととしたい。

(1) 相互理解の道
(2) 結婚における三段階
(3) 男女の違い
(4) 結び

またこの本は、結婚生活のみならず私たち人間関係、男女関係に資するところがはなはだ大きいと思われるが、今後ますます入手できなくなると考えられるので、私が自分なりに本文をまとめ直し、トゥルニエの主張をできるだけ分かりやすく伝えるという書き方をしている。本文からの引用が多いのはそのためである。

(1) 相互理解の道

聞く耳を持たない者同士の会話

まずこの本は、結婚生活の第一の条件を、「相手を理解したいと望み、それを実行していくことである」という書き出しからスタートする。

当然のように思えるこの基本的な態度が実は、結婚生活の中でまれにしか見られないのではないかとトゥルニエは、まずは私たちの注意を喚起する。

そして、夫婦の間で交わされる対話、会話の実際はほとんどが、聞く耳を持たない者同士の会話ではないかと私たちに問いかける（8頁）。つまりトゥルニエ的に言えば私たちは、「本当に相手の言うことに耳を傾けてみようとする姿勢」を持たないばかりか、「聞けない者同士」ということになる。一見、意外の感のするこの指摘は、私たちの日常生活を振り返ってみたら、よく納得のいくことであろう。

たとえば私自身の結婚生活を振り返ってみて、相手の言うことによく耳を傾け、よく理解してみようなどという姿勢は、婚約時代とそれに続く結婚後しばらくあっただけのような気がする。そしてあとの大半は、初めから自分の主張や結論が決まっていて、相手に同意を求めたり、相手を説得したり、いかに相手を屈服させるかに力が注がれていたように思われる。そして、相手と自分が相容れない考え方であった場合は、不快に思ったり怒ったり、失望、沈黙に陥ったことが常であった。

つまりよく考えてみると、一見物分かりが良く、相手の言葉に耳を傾けているつもりでいて、私たちの現実はいつも、初めに「己れありき」であり、自己の正当化やその固執であったような気がする。そして相手とあまりにも考えが違いすぎると、結婚相手を間違えたのではと思ったり、結婚したことそれ自体が間違っていたのではと思ったりしたものだ。

そして、本当に相手の話に耳を傾けようとしたときは、ドキリとすることを相手に指摘されて自らの居ずまいを正されたり、自分自身が窮地に立って真剣に助けを求めなければならなくなったりしたときくらいだったように思う。

要するに、若いときというのはあまりにも自分が強すぎて、本当に相手を思いやったりする道を譲ったりする余裕など持ち合わせておらず、配偶者といえども、本当は自分の心の中に、一つの独立した位置を占めていなかったような気がするのである。

こうした反省に立てば確かに、「若さ」「力」「強さ」などというものは、対等な関係を不毛にする勢いを持っているもののように思われる。かくしてこれらの要素は結婚の「私物化」に人を走らせる危険を併せ持つものである。そしてトゥルニエの本を眺めてみると改めて彼は若さ、力、強さなどをテーマに取り上げていることに気付く。つまり私物化とは子育て同様、相手が自分とは別の存在であるという敬意や、よい意味での緊張感を欠いてしまうために〝結婚〟そのものが二人をより高い関係に導かれるはずのものをわがまま勝手な方向に走る自己中心性のことである。

ある外科医の話：関心の欠如

そこでトゥルニエは、一つの例としてある外科医の話を持ち出す。

この外科医は、トゥルニエの親しい友人の一人で、ニューヨークで輝かしい経歴と成功を収めていたが、ただ一つの心配を持っていた。それは妻のことである。彼女は神経（心）を病んでいたのである。しかし彼は、妻の苦しみがどこから来ているのかが分からなかった。

ある日彼は、友人の精神科医から呼び出されてこう言われる。

「あなたは奥さんを十分心にかけていらっしゃらないようですね。少なくとも週に一晩は映画

に連れて行ってあげるべきですよ。」（8〜9頁）

妻は、夫が自分に充分な注意を払ってくれなかったことで苦しんでいたのである。

このくだりをトゥルニエは、次のように表現する。

さて、さきほどの外科医は、精神医である彼の友人からの助言によって、妻が少なくとも週に一度は夫といっしょに映画に出かけたいという要求があることを理解しました。それは最初の一歩だったのです。しかし根本的には彼はまだ妻を理解したのではなかったのです。理解の程度にはいろいろな違いというものがあって、それは非常に重要なものなのです。たいていの人々は、深く理解もせず、そしてまたそれを求めることさえなく、何年もの間いっしょに暮らしています。これは有名な教養のある知的な家族、かなり高い階層の人たち、学識のある人たち、そして心理学の専門家たちにさえ見られるのです。彼らの生活には他の点ではすばらしいものがあるかもしれないのですが、自分の生活に何か欠けているものがあることには気づかないようです。彼らの家庭生活は活気にみちたものではなくなっているからです。そしてもし彼らが、そのことに漠然とした良心の痛みを感じるなら、彼らは金曜日の夜に妻を映画に連れ出すことによって、その痛みをやわらげることができるのです。（10〜11頁）

結婚生活とは微妙なものである。

「結婚したことと、その人が理解できた」こと、あるいは、「結婚したことと、本当にその人と一緒に生活ができている」ということとは別問題であるにもかかわらず、「結婚してしまうと、つい〝もう相手を理解できた、一緒に生活できている〟と思い込む弱さを私たちは持っているらしい。

かくして、分かっているつもり、理解しているつもり、一緒に生活できている〈つもりの営み〉がスタートする。

それゆえ結婚生活がスタートしてまもなく、あるいは中年に至ってようやく激しい争論や破綻に見舞われるというのは自然の成り行きであり、はたまた歓迎すべきことだと言えるのかもしれない。〝つもりの人生〟の破綻だからである。ところが私たちはこの大切なときに至っても、理解とは、相違を認め尊重することではなく、同意を得ることだと思い込んでいる節がある。

妻は私を理解しない、ということは、他の言葉でいうと、私と妻とは同じ意見をもつことはないし、そして私は妻とはどんな議論もしたくない、ということです。このように、自分たちが平和でいるために、多くの夫婦たちは、ある問題――情緒をはらんでいる問題――

つまり、本当の意味での相互理解にとって非常に大切な問題をわきに押しやっているのです。このようにして、いつでも透明なガラスのようでなくてはならない夫と妻の関係が、少しずつ曇っていくのです。彼らはお互いに「他人」となりはじめるのです。彼らは結婚についての神聖な掟である、まったき一体性をこうして失っていくのです。（15頁）

結婚という芸術作品

また、責任転嫁という問題もある。

自分の願望が満たされない男性は誰でも、自分が失敗した場合に、それは他人の責任なのだ、といって他人を責めることをごく自然にしがちです。それは自分自身の落ち度を探すよりもたやすいことなのですが、そのことはなにものも生み出しはしないのです。それはただ、くやしさ、反抗、苦々しさ、そして夫婦間で絶えずくり返されているおきまりの型の相互の責め合いをつくり出すだけなのです。さもなければ、彼らは運命を呪うのです。つまり夫は、自分の不運はこの途方もない女に〈出くわした〉ことにあると考え、そして妻の方は、自分の不幸がこの我慢のできない男に〈ぶつかった〉ことにあると考えるのです。（11～12頁）

しかし、トゥルニエはこうしたおり、私たちのなすべきことは、妻を福引き商品のように思って、「真珠」を当てることに失敗したわが身の不幸をこぼつことでも、また、相手の性格や生い立ち、性格的な欠点、教育などに原因を求めて後退することでもなく、二人で結婚生活を作り出していく決意だと言う。

そこで本当に大切なことは、結婚の幸福を二人で作り出していくことです。価値のあるのは、努力して手に入れる目標なのであって、前もって手に入れた特典なのではありません。そしてそれをつくり出すためには、お互いを理解することが必要なのです。よくいわれる〈情緒的な不一致〉ということは、離婚を弁護するための論証をもちあわさない法律家たちによって考え出された作りごとであり、また夫婦が自分たちの失敗を隠すために使うありふれた口実なのです。私はそういうことが存在するということを信じません。情緒的な不一致ということなどはあり得ないのです。しかし、誤解と間違いとはあります。そして、もし人が望むならそれはいつでも正すことが出来るのです。（13頁）

こうしてトゥルニエは親しいボヴェー博士の一言、「結婚は（本来）芸術作品である」という

素敵なことばを紹介している。（12頁）

男性の表現を妨げる三つの要素

さて、それはさておきトゥルニエは結婚生活において、表現することの重要性を強調する。相手を十分に理解するための第一の条件は、理解しようとする意志と、第二の条件は表現しようとする意志であると主張するが、この勧めはこと日本人のメンタリティ、とりわけ中高年の男性には大切な指摘がある。というのは日本人男性はコミュニケーションを苦手とする文化の中で育っているから、そうした努力目標のあることに気づかないばかりか、男性は耳を傾けることにおいても、自分の気持ちを表現することにおいても大きな課題を担っているからである。この事実は、男の子と女の子を育てたことのある親なら、誰でもよく思い当たることであろう。たとえば女の子というのは幼少時からして実によくしゃべる。まるで「口から生まれてきた」もののようである。またその感情表現は豊かである。これに対して男の子は、小学生の頃はまだしも中学生頃から概して寡黙であり、何を考えているか分からないところがある。

まして、「言わないでも分かる」のが当然のように捉えてきた日本人にとって、欧米人のように日々自己主張ができたり、愛情や感謝がすぐ口に出てきたりすることなど、にわかには実現しがたいように思われる。

私はこれらのことを三〇代初め、アメリカの生活の中で実感した。アメリカ文化の中で人はとにかく何かしゃべっていないといけないのである。あれこれ考えて静かにしていると、すぐに〝ドクター・クドウ、今日は体調が悪いのか〟とくる。そしてとに角アピールしないと全然評価されないのである。最近内閣のブレーンになった大学教授は八〇代でアメリカ人と結婚しているのだが今でも一日三回〝アイラブユー〟といわないと離婚の心配があるという。ところで本書にはこの男性の気持ちの表現を妨げる三つの要素が挙げられていて興味深い。いずれも、男性特有の心理に基づくもののように思われる。

この恐れとは何でしょうか。私はそれには二つあると思っています。まず一つは、裁かれることの恐れ、つまり批判されるという恐れです。これはだれにでもある恐れで、それは私たちが一般に考えているより、ずっと大きいものなのです。その上私たちがいちばん恐れる批判的な裁きは、私たちの妻、または親友、つまり私たちが最も賞賛し、愛している人々から受ける批判なのです。これは明らかに、私たちがその人たちの賞賛と愛の中におかれているからなのです。（中略）これが、たくさんの夫婦たちがお互いに隠れん坊をしている理由なのです。彼らは、会話がもっと真実なものになることによって、自分のいちばん感じやすい傷口を開くのを恐れています。それらの傷はどれもみな、いちばん親しい

配偶者によって加えられているために、なおさら痛みを増すのです。（27〜28頁）

そして、この裁かれることへの恐れの次にくるのは、忠告を受けることへの恐れである。

第二の恐れ、それは忠告を受けることの恐れです。一例をあげると、会社のことで悩んでいる夫があります。最初、彼は妻にこのことを話しますが、彼女は彼を助けようというあまりの熱心さに、我を忘れてしまって、あまりにもいそいで答えてしまいます――「あなたはあの役に立たない同僚の人たちを断固として追い払わなければいけないわ。自分を守るために立ち上がりなさいな。私は前にも何度か、あなたがあまりいくじがなさ過ぎるといったではありませんか。さあ、このひどい状態を事務長さんに報告しなさいよ……」。これはつまり不適当な助言なのです。この女性は夫が直面しなければならない問題の複雑さがわかっていないのです。そして彼は、妻がすべての問題の責任を自分に負わせ、そして愚か者のように自分を扱っていると感じるだけなのです。（31頁）

そして三番目は、女性特有のすぐれた「直観能力」である。これもまた、妨げになることがあるという。

夫はまず自分の不安を隠すことから始めますが、その前に、彼女の鋭い能力をもった態度にぶつかって、デリケートな問題のすべての様相を妻に見せることが出来ないうちに、自分に圧しつぶされてしまうのです。妻の意図はすぐれてはいます。しかし、長い時間耳を傾け、また理解しようと努める代わりに、あまり急いで応答したためにすべてをぶちこわしてしまったのです。

これこそ、妻が夫を助けようとしたためにおこる悲劇なのです。（31～32頁）

つまり第一の恐れについて言えば、夫は頼みの綱とする身内が自分を尊敬し愛しているからこそ、彼らからの批判を恐れるのであり、第二の恐れについて言えば、「夫をなんとか助けたいとする熱心さ」が、逆に夫を追いつめ、第三の「直感的に、その問題の本質が分かってしまう女性の鋭い能力そのもの」が、会話を妨げ、夫の無能感を深めるというのである。

そして私が思うにこれらの行き違いはなんと残念なことであろうかと驚きを新たにする。つまり何とか夫を助けたいというその熱意が妨げとなり、またその苦しみを分かち合いたいとする女性のすぐれた能力が、そういう心配をかけたくないとする男のメンタリティと対立してその違いがそこに顔を出しているからである。

それゆえ、夫との間に会話、対話がないと嘆くよりは、対話、会話を困難にする要因が、男性、女性それ自身の中にあると理解した方がよいのではないかと思われる。

男女の対話、会話の困難性について、私はこれまでずいぶんと多くその不満や失望を耳にしてきたように思われる。

しかし、今トゥルニエの指摘を受けてよく考えてみると、女性のすぐれた資質、能力が、逆に男性側の自発的発言を妨げる側面のあるように思う。かくして女性はこの点にもっと自覚的であってよいのでないだろうか。というのは、往々にして人間というものは、自分が否定されたり、おどかされたり感じる雰囲気の中では、安心して自らを語ることができないし、一言言ったら十返ってくるような雰囲気の中では寡黙にならざるを得ないからである。

恐れに対する男女差

この点について、トゥルニエは面白い指摘をしている。恐れに対する男女の違いである。

私は、自分の夫について私に話しにきた婦人と長いあいだ話をしていました。実際、その婦人は自分自身についてよりも夫について話すことの方が、ずっと長かったのです。「本当はあなたはご主人を恐れているのですね」と私は彼女にいいました。私とその婦人の結びつきは、彼女が私に正直に答えることが出来るほど強いものであったので、彼女は「ええ、私は本当は夫を恐れていますの」と率直に答えました。

しかし、妻たちの側だけが恐れているということは、しばらく考えないでおきましょう。夫たちも自分の妻たちを恐れているのです。男性は女性よりも、もっと自尊心が強く、そして自分たちが恐れているのを自分で認めることは男性の方がむずかしいのです。これは男性と女性の違いの一つなのです。つまり、女性は自分たちがもっている恐れをすっかりあけひろげて見せますが、男性は自分の恐れを隠してしまいます。例えば、ある男性は独裁主義的な方法でそれを隠すでしょう。味気なくきびしい一言によって、彼は妻の話を中断し、そして自分が恐れている話を短く切りあげてしまいます。あるいはまた、彼はすべての個人的なかかわりあいから自分を逃避させるような、知的な、科学的な説明をすることによってその中に逃げこんでしまうのです。彼はいつも殺し文句をいいたがり、そして口数多く話すことで、矛盾しているという自分の恐れを隠すのです。あるいは、怒りを外に表わしたり、頑固に沈黙を続けたりして自分の恐れを隠すのでないだろうか。（26～27頁）

要するに、男性は傷つきが恐いので自らを隠し、交わりが深まらないのに対し、女性は自分が持っている恐れをすっかり開けひろげて見せることができる強さを持っているので友人関係、人間関係が広がるのだというのである。

ところで今、私はこの原稿を書いている途中で、面白い現実を体験した。あるTV番組で、男性の更年期障がいを特集していたのだが、驚いたことに登場する人物の顔が、全部隠されていたのである。

新しく注目されている疾患だからと言えばそれまでであるが、私がふと、「アレッ、出てくる人の顔が全部ボカされているなあ」と口走った。私のこの驚きに対し、側で見ていた妻がさりげなく、次のように言い放った。「男の人は、恥ずかしいことはなかなか人前で言えないのよ……」と。

カウンセリングの世界に自己開示性という言葉があるが、自己開示は、より親しい関係を築くために必要不可欠の要素なのだが、男性は自らの弱さに敏感であるがためか、かえって「黙り込むこと」によって、あるいは事務的に物事を処理することによって、あるいは「黙れ！」という力による威嚇などで、それらを隠すのであろうか。

(2) 結婚における三段階

『人生の四季』の中で、トゥルニエは私たちの人生を春夏秋冬に分け、それぞれの段階にさまざまな課題や困難が用意されていることを明らかにしたが、この発想は結婚生活においても、同じように認められる。

まずトゥルニエは、結婚生活には三つの段階があり、私たちのたどる結婚生活には大なり小なり、共通のパターンが認められるという。少々長いが大変面白い分析であるので、以下に引用してみよう。

　結婚の専門家である心理学者たち——夫婦関係を維持するために援助を与えるといわれる——は、この点で非常にたくさんのことを私たちにはっきりと教えています。つまり、彼らは三つの段階を区別しているのです。最初は「蜜月の段階」です。そこでは夫婦は容易に、また驚くほどよくお互いに理解しあっているという感じをもっています。（中略）「私の彼は何でも私と同じ好みをもっています。結局私たちは非常によく似ているのです。私たちはすべての事柄が一致していて、二人の間では何でも話しあうことが出来ます。私が何かある言葉をいい始めようとするとその前に、彼は私と同じことを考えているのです。彼は私のすべての望みがわかり、そして私のすべての感情を理解しています」。

　結婚の初期の数年間は、まだ蜜月の段階です。彼らは自発的なお互いの理解と、完全に同じであるという感じとをもっています。本能的に、私たちは自分にないものを補ってくれる配偶者を選びます。だれでもが青年時代の分化の時期に自分の中に抑圧していたものを、自分の配偶者の中に再発見します。そのために、お互いに完全である、という素晴らしい気持ちがあるのです。

結婚して五年から十年の間に、結婚における第二の段階がきます。この段階では、お互いにそれぞれ自分が考えていたほど相手が自分に似ていないことに気がつきます。彼は今まで気がつかなかった欠点、でなければ愛情の幸福の中ですぐに消えると確信していた欠点を発見します。さて、これらの欠点は、とてもがまんすることができないほど頑固なものであることが多いのです。つまり欠点といわれるものの中には、かんしゃく、わがまま、嘘をつくこと、貪欲、暴力、無作法、酒びたりなどがあります。なんという屈辱的なことばかりでしょう。私たちはまず静かに、相手を戒め、それから叱り、哀願し、そして最後にはおどかすようになります。そしてこういったことはどれも効果はないのです。そこで、よく知られた言葉になるのです。「私は彼を理解することが出来ない……」と。それから衝突の危険を制限するために、自分の殻に閉じこもろうという誘惑にかられ、手を退いてしまおうという気になるのです。

そして第三の段階が始まります。それは、前の段階の危機の場合にとられた方向に向かって発展するかもしれません。あるいは、それは幸福を求める争いを少しずつあきらめることであり、恨み、苦々しさ、反抗にもなるのです。つまり、「私の夫は私が信じていた人ではない」、「私の妻は私が思っていたのと全然ちがう」、「私はひどい思い違いをしていた」といった気持ちなのです。このとき、彼らは離婚を考え始めるかもしれないのです。そうでなければ、彼ら二人は終ることのない議論の生活を送るでしょう。あるいはまた、夫婦の一人が、このように自分本来のパーソナリティを放棄し、相手方に降伏することによって、結局は合意してしまうのです。あるいは、まだ彼らは平凡に合意出来るかもしれません。そして何もかも放棄してしまうのです。二人のそれぞれが、自分たちの別離を要求し、自分自身の生活をあみ出し、そしてお互いにだんだんと秘密を求めていきます。（44～46頁）

これを見ると、どうやら結婚生活の分岐点は第三段階にあるようである。つまり、結婚生活に失望して諦めに走るか、恨みや反抗心から議論の生活に終始するか、離婚を考えるか、それともすっかり相手に降伏して忍従の生活を始めるか、あるいはお互いに秘密を深めるのかのいずれかである。

これに対して、トゥルニエが提示する建設的な生き方は、勇気である。このことを、彼は次のように表現する。

二番目の方向は、勇気ということです。これは、現実を勇気をもって受けいれるということです。つまり、相手をあるがままに受けいれて、彼のまわりを覆っているうぬぼれの強い後光をとりのぞくことです。これは自分の配偶者の本当の姿を理解するための実際の試みをすることになるのです。なるほど彼には欠点があるでしょう。彼はまだ解決をしていない問題をもっています。彼は自分自身を理解していませんし、彼の欠点を指摘されたとき、大変いやな反応をします。なぜなら彼は、自分の欠点にうち勝つ力をもっているという気がしないからなのです。しかし、彼は全くちがった仕方で救われることが出来るのです。つまり、彼の性質のためというよりもむしろ彼の問題のために、ただ彼を愛することによって救われるのです。彼をただ理解することによって、また子ども時代に見落としていたことを理解することによって、また今もなお自分が見落としていることを理解することによって、またその要求を満たそうと努めることによって救われることが出来るのです。（46～47頁）

（3）男女の違い

このように本書は、結婚生活にまつわるさまざまな困難を私たちの目前に明らかにしていくのだが、男性と女性との間には、前述した構造的、機能的な違いの他に、人間としてのタイプの違いも加わるという。

つまり瞑想型と活動型、社交的外向型と思索的内向型。情緒的感情型と論理的直感型などである。以下にそれらを踏まえて、一般的な男性と女性の違いを列挙してみよう。

一般的精神と人間中心的精神

58頁に、男性は一般的論理的な精神を持ち、女性はより人間中心的な精神を持っているという記述があり、一つの面白いエピソードが載っている。

トゥルニエがある問題について話しているとき、彼の妻は、「あなたはいったい誰について話していらっしゃるの」と問うたというのである。

このときトゥルニエは、実は「誰についても話してなどいなかった」のである。彼はただ、ある考えを発展させていただけだった。そこで彼は、次のように言う。

男性はある物事について語り、女性はある人について語る。だからカフェーでカード遊びをしながら、男性は世界平和や同胞愛について堂々と論じることができる。つまりその状況に関係なく……。だからこれが高じると、男性だけによって樹立された文化は、人間

不在の抽象的、観念的、非人間的な状況に留まってしまうことがあるという。（59頁）

これは既刊書で取り上げた『女性であること』や『暴力と人間』の重要なテーマでもある（『暴力《ヴァイオレンス》と人間　トゥルニエとグリューンを読む！』ヨベル）。つまりトゥルニエは、男性原理優先によってもたらされた今日の社会は、どこか暴力的で冷酷で非情な色彩を帯びるのに対して〝愛〟と〝共感〟をその存在の根底にすえて、豊かな人間関係を築ける女性の存在こそ新しい時代の要請を受けているのでないかと主張するのである。トゥルニエは『女性であること』の中に、「今こそ女性の出番」という項目を掲げて痛みや悲しみを大切にする女性の特質を生かした人間社会の復権を主張している。

細かなことへの女性の関心

ついでまた女性は、具体的で細かいことに関心を示すという。

> 女性はまた、こまかな点を考えるものです。こまかいということが、一般的な意見よりももっと彼女に関心をもたせます。彼女が夫といっしょにいるときには、友だちがどんな帽子をかぶっていたか、人々がどんなコートを着ていたか、管理人や店員が自分に何を話

したか、そして自分がそれに対してどんなに答えたかというような、その日に起こったこまかい出来事を何も話したいと思います。ところが一方、夫の方では、妻がそうする位なのだから、そのこまかい事柄が妻にとって非常に重大なことだということを理解しないので、かなり気もそぞろに聞いているのです。彼にとってこんなことは何もかもとるに足りない愚かなことのように見えるのです。妻は、夫がもう自分のいうことに耳を傾けておらず、新聞に書いてある世間の重大問題を読んでいると感じるとき、彼女はひどい孤独を感じるのです。（59頁）

このように指摘されると、私自身の歩みの中にも多々、そのような機会のあったことを思い起こす。山陰や北陸に出かけて何度か、美しい庭園のある宿で素敵な日本料理をごちそうになって帰ったときの妻との会話である。

「とにかく、素晴らしかった。すごくおいしい料理だった」という私。

「どんなものが出たの？　どんな順序で出たの？」

「いや何かが出たんだよ。とにかくすごくおいしかった……」

また、次のようなこともあった。昔、子どもたちの交流を介して親しかった近くに住んでいた友人に、久し振りに講演先でお会いしたことがあった。

「いや、Aさん、お元気そうだった。それになかなか素敵な洋服を着て、素敵なレディーになっていたよ」という私。

「何を着てたの？　どんな色？」

「ウーン、何か分からないけど、とにかく素敵だったよ……」

こういう対話、会話は案外多いのではないだろうか。

会話表現内容の違い

会話を通して、男性は考えと知識、女性は感情と情緒を表現するという。

会話を通して男性は考えと知識とを表現します。女性は会話を通して感情や情緒を表現するのです。このことはなぜ妻が、自分が体験した出来事を十回も物語るのかということを説明しています。それは彼女の夫に報告するためなのではありません。彼はいらいらした語調で彼女の言葉をこうさえぎります――「そのことについては、もうよく知っているよ。おまえは前にもそのことを私に話したじゃないか」。しかし、彼女はその経験が自分の心の中につくり上げてきた情緒的な緊張をやわらげるために、もう一度それを話す必要があるのです。

多くの男性は彼らの感情を表わそうとさえしません。そして妻が夫から百回も聞きたいと思っている、「おまえを愛しているよ」という言葉をいおうともしないのです。彼女が「私を愛しているの」ときくと、彼は、「そんなことはおまえがよく知っているだろう」と答えます。そのことは、彼女が知らないことではないのです。むしろ彼女は、もう一度それが彼の口からいわれるのを聞きたいと思っているのです。しかもそれは夫が彼女に決していわないことなのです。(61頁)

男性の無骨さ

男性は、その愛情や感情表現において、稚拙で無骨なやり方を取りがちである。そのためか、夫の口からやさしい言葉を聞くことを期待している妻の期待は、容易には応えられないという。(62頁)

残念ながら、これもよくある現実ではないだろうか。

例えば今の若い世代はともあれ、私ども六〇代、七〇代の世代は奥様の手作りの品々に〝ウーン、メチャ美味しい!!〟とか〝すごくおいしい!!〟といった感謝を表すことに疎いのではあるまいか。

また、無骨な表現によって男性は女性の夢見がちなロマンチックな思いを、いとも容易に失望に変えてしまったり、言葉足らずで大変な誤解を招いたりすることも多くあるのではないだろうか。

それゆえ、「生活」が入り込んでくる結婚生活に必要なのは、もはや若いときの「ロマンス」ではなく「思いやり」や、よい意味での「ユーモア」、そして「楽しむ能力」であることにもっと気づくべきではないだろうか。

そこで最近の私は、ご婦人には特に、同性の波長の合う友人を見出すべきことを力説している。つまり、前項に合わせて男女の会話というものは根本的にその性質を異にすることをわきまえて所詮できないことを要求してせっかくの関係をこわすよりもより現実的な歩み寄りを期待してのことである。

関心の根本的な違い

よく言われることであるが、男性の関心は概してその職業や仕事であり、女性の関心は概して家庭生活や育児、子ども、夫との人間関係、装飾やガーデニングなど、いわば生活の質に関することであることが多い。

多くの夫婦は、職業への関心と家庭への関心の間の絶え間ない葛藤の中で暮らしています。夫の仕事が面白く、そして魅力的であるときには特にそうなのです。ニューヨークにいる私たちの友人のあの外科医のことをちょっと考えてみてください。多くの家庭、それは医者の家庭ばかりではなく、牧師、教師、そして実業家の家庭でも私は同じような状態を知っています。

妻は夫の職業が、夫にとってどんなに大切なものであるか理解できないでいるのです。彼女はその男性と結婚したのであって、彼の職業と結婚したのではありません。このようにはじめから、彼らの関心はお互いに衝突しているのです。男性は自分の仕事にまったくとりつかれているものなのです。彼は妻の心の奥にある深いいらだちを感じるので、実際には彼女とそのことについてあまり話をしません。そこで彼の仕事は妻から彼を奪い去ることになるのです。妻は夫の仕事の中に、ただ不安と、自分の夫を疲れさせ、そして彼が家に帰ったとき、彼のパーソナリティをじめじめさせる問題を発見するだけなのです。彼女はただ、自分が招待されることがない仕事上の晩餐、家から離れる旅行、夫が職場で費やす超過勤務、緊急電話の呼び出しによる妨害だけしか見ないのです。(中略) このようにして若い妻は夫の職業に強い嫌悪感を抱くようになるのです。一方、夫にとってそれは生活の中でいちばんスリルに満ちた事なのです。

このように彼らはそれぞれ二つの違った世界に住んでいます。彼女は「あなたの会社」という言葉を軽蔑の語調で口にするのです。彼女は自分の夫の存在の外側にいると感じ、ほしいとねだるわずかのパンくずを、ときどきもらうだけなのです。一方、彼女は自分のまわりに、自分自身の世界をつくり上げることによって、その仇をとるかもしれませんが、夫がそれを非常に愚かなことだと考えるので、彼女はますます話をしないのです。彼女の衣装、彼女の委員会、彼女の社交的なグループは、彼にとって純然とした虚栄以外の何ものでもないのです。（62～64頁）

かつて、若いご夫婦の相談に応じたことがある。

夫は仕事に没頭し、その仕事を通して家族を経済的に支えることこそが彼の役割であり、義務であると思っていた。そして、その没頭を妨げる妻の気遣い、夫を支え、慰めようとするさまざまな助言をうとましく感じ、それこそ「妨害」と考えて苦しんでいたがこの種の葛藤は、どんな夫婦にも見られる結婚生活の一コマではないだろうか。

かく言う私も医者になって間もないころ、くる日もくる日も治療戦略に夢中で、食事もそぞろになっていたとき、妻に一言、「私もあなたの患者さんになりたいわ」と言われたことがある。そして、結婚生活や家庭生活の充実が、職業生活の充実にもつながることに気づいたのは、ずっと後々のことのような気がする。

つまり職業生活と家庭生活は本来、必ずしも二者択一的ではないのに、ある時期にはそれが対立的に思えてしまうのである。そこでトゥルニエは、この連続性の回復を次のように表現する。

お互いに理解するためには、夫婦は相手が興味をもっているものに、自分も関心を寄せなければなりません。そうすれば、なぜそれが相手に興味をもたせるのか、ということを理解するようになるのです。（中略）このようにして、二人の視界はそれぞれ頑固に狭まってゆくのではなく、むしろ広がってゆくのです。本当の理解というものは常に、理解するだけではなく、それと共に自分自身を超えてゆくようにさせます。そうすれば、家庭は人の職業の基礎としての役割を果たすことができるのです。そしてその結果として、職業もまた家庭の精神生活を豊かにすることができます。（64〜65頁）

愛と性

またトゥルニエは、「女にとって愛はドラマそのものであり、男にとっては休憩時間である」という（67頁）。何ともはや失礼とも思われる表現だが、実にこの一言は男女の根本的な違いを指摘しているのではないかと私は思う（67頁）。「男性にとっては、愛は非常に強力な衝動であり、非常に性的な性質をもち、しかも急速ですべてが欲求と衝動で、その上すばやく他のものにとって変わる」（67頁）のに対して、女性は、情緒的な深い一体感を経験することや、やさしい言葉を必要とし、いつまでも一緒にいて欲しい傾向が強いという。

そして何よりも、女性にとって愛というものがすべての生活そのものなのだという。彼女は、愛情から料理をし、愛情から床を掃き、愛情からお皿を洗うのであるのであるから。（67〜70頁）つまり男性は、主義主張や目的のために動く傾向が強いのに対し、女性は愛する人のためという人間への動機づけが優先するというのである。

若いころ読んだトロビッシュの名著『愛と性の悩み』（聖文舎）にも、同じような一文があった。

> 性行為によって男性を自分に結びつけようとしても、多くの場合失敗に終わります。男性は自分が征服してしまうと、たいてい興味を失うことが多いからです。（中略）ある女性が言っています。〈私にとっては始まりであったのに、彼にはそれが終わりだったのです〉と。（95頁）

(4) 結び

このように見てくると、「男性と女性は、彼ら自身が考えているよりも、もっとずっと根本的に違っているものなのです」という表現と、「お互いを理解するためには、男女の相違がいかに大きいかを認めなければなりません」という、本書の書き出しの言葉の重みを改めて知らされる思いがする。とはいってもトゥルニエは、私たちを失望させるためにこう指摘しているのではない。互いの成長のために、互いに相手を非常に必要としていることを言っているのである。

女性による支え

ではいったいこの男女の違いにどう対処すればよいのだろうか。

以下の文はトゥルニエの男性側に立っての発言であるが、女性に期待される働きの一つを、次のように表現する。

妻のもっとも高い機能の一つは、夫が生活の中で受けるすべての打撃に対して夫を慰めることなのです。しかも、慰めるためには、それほど話をする必要はないのです。耳を傾け、理解し、愛することで十分なのです。泣いている幼い子どもの母親が、自分のひざに避難者である子どもを抱いているのをごらんなさい。母親は何も言葉を発しません。しかし、やがて涙がかわいた瞬間、その子どもは地面に飛びおり、よろこんで笑いながら新しい打撃を受ける世界へと、もう一度かえって行くのです。すべての男性には、最もすぐれ、そして明らかに最も強く見える人でさえ、何か慰められることを必要とする子どものようなところがまだ残っているのです。（32頁）

女性の側から色々な不満、批判の声が上りそうな気がするが、男性のメンタリティには今なお、このレベルを超え得ないものが厳然としてあるのではないだろうか。

控える能力

トゥルニエが本書で指摘していることであるが、控える能力、つまり退く能力が女性には期待されているのでないかと私は思う。その理由の一つは、女性には言葉という「侵言的な力」の持つ暴力というものがあるように思われるからである。

今から十年後に、わたしたちが話していたあの奥さんが、わたしの部屋に来て、わたしに話すことでしょう——「訪問客がある時は、いつでも夫は自分の仕事についてたくさんのことを話します。わたしが、こんなにも夫の仕事に関心をもつことが出来たらと思っているのに、わたしはただあることを知ることが出来るだけなのです。わたしたち二人だけの時はいつでも彼は何もいいません。わたしは彼がひどく何かに心を奪われているように感じます。わたしが仕事について夫に話してくれるように頼んでも、夫は、そのようなことはわたしには決して理解できない、というのです」。この女性は、夫の心を開かせる力を麻痺させたのは自分だ、ということを悟っていないのです。（32～33頁）

私が「侵言的」と言ったのは、この指摘にあるように、女性は男性（夫）のすべてを知りたいと思うあまり、それが「侵言的」になることに案外気がつかないのでないかと思うからである。つまり女性は男性（夫）の力になりたい、支えたいと思うあまり、それが相手に対する侵襲、支配という暴力と同じような力を行使することがあるのでないだろうか、と。しかし実の所男性は、女性が考える以上に傷つきやすい存在でないだろうか。

トゥルニエは「男性の傷つきやすさ」に対して次のように言う。

人々はわたしたちが考えているよりも、もっとずっと感じやすいのです。そしてまた、たとえ男性は自分たちがそのことを隠していたとしても、女性と同じように容易に傷つきやすいのです。（中略）つまりすべてが単純に見え、そして夫が正しいことをするためにはどのように行動すべきであるか、ということについて自信をもって夫に話す女性は――その問題が何であろうとも――自分は無能に思われているという印象を夫に与えるのです。夫はだれでも、これを我慢することができません。（33頁）

男性の持つ弱さ

人を理解することを英語で under-stand という。〈下に立つ〉という意味である。しかるに本書には、女性の持つ高潔さ、正しさへの志向が、ときに道徳律の権化に映ることがあり、これがしばしば男性に何らかのいらだち、ためらいを持たせ、自らの弱さを語らせないようにさせることがあるという。つまり、夫婦の間には「正しさ」だけでは決して通らない、人間の現実があるように思われる。すべての人間関係には、ある種の「信頼感」、「安心感」が必要なのではあるまいか。

夫は、妻が自分の道徳的な診断を彼に下し、そして、どんなことでも彼女をびくともさせることができないと感じた場合には、本当の心の開放や、心の奥にある自分の考えを表明することを、いっさい停止させてしまうのです。そこで、この夫はたまたま会社やスポーツのクラブで会う若い娘と話をし始めるようになるかもしれません。彼は、妻とは話そうともしないいろいろなことについて、その娘に気軽にうちあけるでしょう。そして彼はその場合、すべての人間が渇望している素晴らしい印象——自分が理解されているという——をもう一度発見するでしょう。彼は恐らく自分の夫婦間の問題についてさえ、彼女に話すかもしれません。男性は自分たちの結婚に失望しているということで、女性の心を容易に感動させるでしょう。わたしの相談室でこの夫は、多分こういうと思います——「わたしはあの若い女性なしには生きることができないのです。妻はわたしを理解してくれないのに、彼女はわたしを理解してくれるのです」。

惨劇が急速に近づいています！（38頁）

この男性のもろさ、弱さというテーマは、姦通の誘惑という男性の持つ弱さの中にも伺われるのかもしれない。

例えばトゥルニエはまず、性において男性は、女性ほど高潔ではなく、非常にすぐれ、非常に尊敬に値し、非常に知的な男性が、卑しい、俗悪な誘惑の苦しみのただ中にいることを、女性はなかなか理解できないという。その上女性は、もし彼が彼女を本当に愛しているなら、他の女性のことなど考えないはずだと思っているのだという（70頁）。しかしながら、男性には、この惨めさを救い、その弱さを打ち明けることのできる人・場こそが必要だというのである。

官能的な誘惑を感じている場合においてさえ、男性というものは、彼があるがままにそしてみじめさをすべてそのまま理解され、受容されていると感じるならば、それだけで救われることが出来るのです。そのような寛大な受容は、そこでは彼に対する神の慈愛の反映なのです。なぜならば、神はわたしたちの美徳のためではなく、わたしたちの必要のためにわたしたちを愛するからなのです。「丈夫な人には医者はいらない、いるのは病人である」（訳者注―マルコ２・17）とイエスはいいます。

その万人に共通した病気、無数の男女の群れが自分たちの秘密に苦しんでおり、自分たちの恐れ、苦しみ、悲しみ、失意、罪に苦しんでいることとわたしたちは知る必要があります。わたしたちは、彼らが自分だけで、どんなに自分自身を悲惨だと思っているのかということを理解しなければなりません。彼らは社会生活に参加しているかもしれませんし、そこで指導的な役割を担っているかもしれません。クラブの会合で椅子に坐っているかもしれませんし、スポーツの選手権大会で勝っているかもしれません。そしてまた、妻と映画に行っているかもしれません。しかも内部から彼らを食い荒らすものは、彼らが自分自身

の重荷をおろすために、十分に信頼できるに足りる人を見出すこともなく何年も暮らしているということです。(77～78頁)

どうやら、私たちに必要なものは、苦しみに対する共感であり、自分自身の重荷をそっと下ろし得る人の存在のようである。

二人でいることの豊かさ

結婚生活に失望し、自分の不幸、不運を嘆いている間は、一人でいることの方が楽であり、その実現が一つの解決策、逃れ場となっていることがある。しかし、多くの紆余曲折を経て、「二人でいること」の豊かさと意味を感じ取る人々もいる。本文にはこれに関連した記述が幾つかある。

ある夫(外科医)は妻の欠点を弾劾し、彼女と結婚している自分の不運を嘆いているのが常でした。その同じ彼が今では、妻の欠点に対する自分自身の責任を悟るのです。それは、妻が夫の助力によって成長し、進歩し、達成し、そして彼女の個人的な問題にうち勝っていくことができるような夫婦の環境を、彼が彼女に与えることができなかったからなのです。彼女が退行しているのは、また彼女が自分の自然の防衛反応の中に硬化しているのは、自分が夫に理解されていると感じていないからなのです。彼女は心理療法家に理解を見出すことができました。しかし彼女が夫にこの理解を見出すならば、それはもっと役に立つものになるのです。

このようなことがこのアメリカ人夫婦の体験でした。生きた信仰——もはやただの観念や感傷の宗教ではなく——が彼らの生活を変えたのです。「ぜひわかっていただきたいのです」とその外科医がわたしにいいました——「わたしどもはもう、金曜日の夜に映画館には行っていません。もうその必要を感じないのです。わたしたちはお互いにうちあけるために、そして前にはけっして分かちあうことも考えなかったすべてのことをいうために、またお互いを発見し、お互いに理解しあい、わたしどもの家庭への神の導きを二人で求めるためには、実際に必要とされているほど多くの時間はいらないのです。」（90～91頁）

「彼女が退行しているのは、また彼女が防衛反応の中に硬化しているのは、自分が夫に理解されていると感じていないからなのです」という表現には重いものがある。

つまり女性は（もちろん男性もそうであろうが）、自分が理解されている、愛されている、受け止められているという安心感の中で安定感を得ると思われるからである。そしてトゥルニエは、こうした闘いのプロセスを経て、やがて二人は多くの話し合い、多くの時間を必要としなくなるという。結婚生活には、確かにこうしたプロセスがあるようである。
　こうして二人は、話し合えば話し合うほど遠い存在に感じられたのに、今や二人の対話、会話には多言を要しないことに気づいていくのかもしれない。かくしてトゥルニエは、二人の間に合った「防衛反応」が解除される時が訪れるという。

　夫が妻に理解されることに気をとられている限り、彼は惨めであり、自己憐憫・要求の心・苦い自己閉鎖によって力つきてゆくのです。彼が、前に理解していなかったことを理解しようと努めて、妻を理解することをひたすら考え、妻を理解していなかった自分自身の間違った行為を心から反省した場合に、それまでとられていた方向が変化しはじめるのです。あなた方は映画をみていて、自動車の車輪が、わたしたちには見えないフィルムの駒のタイミングのために、逆に回転しているように見えるのを知っているでしょう。誤解されていると感じている人々を自分の殻の中に閉じこもらせたり、いつも余り理解されていないようにさせたりする、こんな型の車輪やこんな出来事の連鎖――この悪循環は、それが新しい光の中で見られる時、逆に回転させることができるのです。人は理解されていると感じるときにはすぐに心を開くものであって、その時には防衛反応を弱めるので、自

分自身をもっと良く理解させることができるのです。（92頁）

2 「読む会」のレポートと共に

それではこれから、「トゥルニエを読む会」で提出されたレポートのいくつかを取り上げ、これまで述べてきたことを確認してみたいと思う。

（1）結婚生活の諸段階

レポート17　妻の思い違い

結婚して最初の数年は、互いの知らなかった面を発見しあう毎日であり（たとえばハミガキの使い方。夫は真ん中から、私ははじからチューブを押す）、努力して理解し合おうとする年月だったと思います。その後、十年くらいたってからは、知っているつもりの惰性の毎日でした。しかしその後、相手を深く理解していなかったことを知る時期が確実にめぐってきました。

たとえばトゥルニエは、「男性は自分の恐れを隠してしまいます。この恐れとは、まず一つは裁かれることの恐れ、つまり批判されるという恐れです」。そして、「もう一つは忠告を受けることの恐れです」と書いています。また、「たとえ男性は自分たちがそのことを隠していたとしても、女性と同じように容易に傷つきやすいのです」と記しています。

　これらのことを私が理解するようになったのは、主人が「トゥルニエの会」に行き始めたころからです。主人が、「裁かれたくない」「忠告されたくない」ということを口に出して言ってくれるようになりました。それまでの私は、助言や忠告は必要であり、妻の役目と思っていたのです。数年前から私も、夫に続いて「トゥルニエの会」に参加するようになり、次のことを理解するようになりました。「妻のもっとも高い機能の一つは、夫が生活の中で受けるすべての打撃に対して夫を慰めることなのです。」（32頁）

このレポートは、結婚にはいくつかの段階（ここでは三段階）があるという視点から結婚生活を振り返ったもののように思われる。

　このレポートのおもしろい所は、最初の数年は、お互いの知らなかった面を発見し合う毎日、努力して理解し合おうとする歳月でありついでその後の十年間は、知っているつもりの惰性の毎日だったという箇所である。

　これを読むと私たちの結婚生活の大半は、知っているつもり、分かっているつもりの生活でスタートすることが分かる。そしてそれでも、結構生活できる存在であり、こうした思い込みの入り込んだ生活でも、それなりに営み得ることが分かる。しかし、それはこれとしてそれは、次のステップのための助走でもあるような気がする。というのも、臨床においても、「障がい受容」というテーマは、初めから真の受容に至るのではなく、「仮の受容」からスタートし、この繰り返しから「真の受容」に至るプロセスをたどると考えられるからである。『心の病とキリスト者の関わり』(224頁)

いずれにせよ、真の受容というのはお互いの根本的な違いを真に認めるところからスタートすることに変わりはない。

こう考えると、この本の初めに「相違を認めること、それ自体がすでに大きな前進なのです」(65頁)というトゥルニエの指摘がことさら重要性を帯びることとなる。それと同時に、相違を恐れて無理に合わせようとしたり、それを認めまいと無理する必要はないということである。「問題を持っていることが正常であり、すべての夫婦がそうなのです。それは幸福なことなのです」(48頁)というトゥルニエの言葉が、改めて光を放ってくる。

(2) 男女の相違を理解する

レポート18　相違の持つ豊かさ

本書の中の、「自分の配偶者が自分と非常に違っていることを理解するようになることは、もう既に大きな前進なのです」（51頁）というところと、「本当の理解というものは常に、理解するだけでなく、それと共に自分自身を超えてゆくようにさせます」（65頁）という箇所が心に響きました。

それまでの結婚生活をふり返ってみると、「違っている」ことはいけないこととしてとらえていました。違いを埋める努力をしないから理解し合えないと思っていました。違いがもたらす豊かさ、調和していく過程、あるいは相補性といったことには考えおよばないところにいたのです。

そう言われてみると確かに、夫は私とは違います。夫は、論理的、理性的に物事を進める能力にたけていますので、行きつ戻りつ迷う私に方向性を与えてくれる存在のように思います。一方私はどうかというと、プロセスを共感・共有してもらえないことで、愛されていないと感じ、心を閉ざしていたように思います。

自分にはない思考力や世界を夫が持っていることを認め、信頼していくことが、自分の限界を超えさせるのではないかと感じ始めたこの頃です。この延長線上に本当の理解があるのではないかと思いました。

これを読むと、「違うのが当たり前」というスタートを切る夫婦もいれば、「違っていたらおかしいのではないか」というスタートを切る夫婦もいて、人さまざまという感を深くする。ただ、概して私どもは最初、夫婦の相違という波長の乱れに違和感を覚えるのではないだろうか。そしてそれは関係性を重んじる女性にとっては、結構無視できないテーマであろう。そして「相手に合わせられない自分が悪い、ふがいない」と自らを嘆くのかもしれない。このレポートを書いたご夫婦は、学び会で紹介した次の断想によって目が開かれたという。

生命

同じであるということと、一つであるということとは、全く別のことです。同じであるものの間には、対立も緊張も分裂もなく、従って発展も成長もなく、生命はそこにおいて存在しえません。同じとは死の相です。

これに対し、一つとは、相違するものが対立をはらむ緊張の中で、忍び合い譲り合い、理解し合いそれぞれの分に応じて働き、助け、補い合って、結ばれてゆく努力のことであり、それは創造的いとなみとして、まさに生命の相なのです。

生命あるものは皆、相違しています。そして皆、一つであることを希求しています。

（『福音は届いていますか』148頁）

実際、私に、「最初の結婚はこれで失敗しました。一体となることを合体することと勘違いしてしまったのです」と述べた方が何人かいる。「相違」をめぐる理解の違いが、けっこう離婚の契機になり得る現実があるのでないだろうか。

（3）相違を越える意味を見出す

レポート19　若き日のパッチワーク

〝夫婦の間にもっとも見られる欠点は、十分な率直さの欠如である〟というトゥルニエの指摘で感じたことを書きたいと思います。結婚して十数年になります。夫は、男は仕事をしてお金を妻に渡せば自分の責任を果たすことになり、あとは妻の私が食事を整えるように、家庭を整えてくれるだろうと期待していました。こうした中で夫婦間の議論は平和を崩す悪でした。

夫は家庭をエネルギーの補給所と見ていたので、時間をかけて家庭を作ろうとするのではなく、今すぐ癒されたい、慰められたいといわば瞬間瞬間に成果を期待した生き方をしていました。今考えるとつかの間の、土台のない平和のパッチワークでした。

私は漠然としたイメージではありましたが、結婚は二人が織りなしていくものという感じにとらえていました。理解されたい、理解したいという気持ちが強く、そうした心情を夫によく伝えていなかったのだと思います。喜びも悲しみも怒りも……。

つまり私の場合、悲しみや怒りを伝えたとき、その感情を共有してもらえたら、問題が解決しなくてもよかったのです。分かってもらえているということが力になるのですから。

でも夫は、自分が甲斐性がないから妻である私に悲しみや怒りが出る、自分がしっかりすれば私の心情もコントロールできると思っていたようでした。

そのうち夫は、自分を責めることをエネルギーの浪費と感じ、私の話を聴く時間を長くとってはくれても、本音で向き合えば議論となって平和から遠ざかるため、私の前で折れることに徹していたと思います。

「相違」をめぐるこれら二つのレポートをまとめて読んでみると、男女の違いがあちこちに顔を出している。

たとえば、「妻は行きつ戻りつ迷うことが大切と考えるプロセス重視型。夫は、物事を論理的・理性的に進め、方向性を指し示す解決志向型。

夫は外で仕事をし、お金を充分渡せばそれで自分の責任を果たしたと考える責任遂行型。妻は、喜びも悲しみも怒りも共有できたら、問題が解決しなくても力が出ると考える共有型。でも夫は、自分は甲斐性がないから妻が悲しみ、怒ると考えてしまう……」

これらはみな、男女の構造的、機能的相違から発する違いのようである。

しかしすでに述べたように、トゥルニエはこの小さな本を通して男女の違いに大きな意味を見出そうとする。

この立場に立てば、結婚生活は互いが違っているからダメなのではなく、むしろ違っているからこそ互いの限界を超えていけると言えるのかもしれない。

次のようなレポートを提出してくれた人がいる。

レポート20　男女の違いを恐れなくなった私たち

（夫）57頁に、「男性と女性は、彼ら自身が考えているよりも、もっとずっと根本的に違っているものなのです。このことは、両性がお互いに相手を理解するのが非常にむずかしいと思っている理由であり、また自分たちの成長のためには、お互いに相手を非常に必要としている理由なのです」という文章があります。このことについて感想を書いてみたいと思います。

男性は女性を決して完全に理解することができないし、また女性も男性を完全には理解できない、とまで私は言いたいと思います。たとえば、男性は論理的な精神を持ち、女性はもっと人間中心的な精神を持っています。

自分にとって、そんなに利害が絡まない場合は、お互いの違いなどは、あまり気にならないものです。若いときは、相手に嫌われないように、自分を抑えて相手に合わせます。また、打算的ですが、むしろ相手任せにしている方が楽なので、相手の好みに合わせます。そんなときは、何かしらの一体感さえ感じます。

しかし、人生はそんなに甘くはありません。最初の「ハネムーンの段階」が過ぎると、日常生活のささいなこと、箸の上げ下げから、ご飯の食べる順番や食べる速さ等の違いが気になるようになりました。

そんな矢先、子どもの出産で今までの生活パターンの変更を余儀なくされ、それに加え、子育ての方法論の違いで口論するようになります。そうなってくると、自我と自我とが正面からぶち当たるようになり、自身が考えているよりも、お互いが、ずっと根本的に違っていることを思い知らされました。

しかし、このお互いの違いの発見が新しい冒険の始まりであることを、今この本から再確認させられました。

〝出産〟や〝育児〟つまり〝子どもの出現〟がお互いの根本的な相違を明確にするという現実は、ほとんどの夫婦でも実感したプロセスではないだろうか。それぞれの性格、それぞれの生い立ちの違いなどが顕在化するのである。そして〝子はかすがい〟という古来から言い古された言葉が新しい運命共同体意識を作っていくのであろう。

レポート21　差異の共有

（妻）私たち夫婦は、夫婦対象のキャンプに何度となく参加してきました。そして毎年何かキラリと光る言葉を残してくださいました。

たとえば、「男は尊敬されないことに耐えられないし、女は愛されないことに耐えられない」という言葉を聞きました。

今回の読書会を通してもまた、新しい思いが甦ってきました。たとえば「差異の共有」という言葉です。互いの違いこそ、さらに進んだ新しいものに発展させてゆくことになる（49頁）という表現に出会い、さらに一歩踏み出す希望を与えられました。

「結婚が、本質的にお互いに知られていない二人の単なる共同生活に陥る時、完全に彼らの目標は見失われているのです。そこで失敗したのは、単に結婚というものだけでなく、夫と妻のそれぞれが失敗したのです。彼らは一人の男として、女として、自分たちの天職に失敗したのです」（43〜44頁）という言葉は意味深いものです。

互いを理解しようとする熱意を失ってしまうことこそが、二人の生活を単なる共同生活に止まらせ冒険を終わらせてしまうというのですから。

結婚二〇年目を迎えた私たちですが、今からまた二人の旅に勇気をもって旅立とうと思います。

（4）ある夫婦に見る人間理解の深まり

トゥルニエは『女性であること』という本の中で、女性の行動の動機はつねに人間に対する思いやりであり、愛情である点を強調する。かつて初々しい新婚時代に、この会に出席し、次のようなレポートを書いてくれたご夫婦がいた。

レポート22　アイロン事件

私の妻は、アイロンがけが好きで、毎日せっせとかけている。自分は普段着にはアイロンはかけないし、必要なものはクリーニングに出してすませばよいと思っていた。ある日、アイロンの具合が悪いようで、妻は不満らしいと思っていたら、次の日、新しいアイロンでかけていた。不調なアイロンはそのままで、新品を購入したという。「何てもったいない」と私は非難した。妻は、「毎日あなたのシャツをきれいにしておきたいのに何でそんなに怒るのか」と、心外そうに涙を流した。

そのとき、私は聖書の記事を思い出した。ベタニヤでイエスに高価な香油を全部注ぎかけた女性がいた。途方もない浪費。弟子たちは、「何ともったいないことを」と憤って、女を非難した。「売れば、貧しい人たちに施せるのに」と。でも、イエスはその女性の側に立った。その愛ゆえの行為を認めておられた。私はそれを思い出し、自分は男性的発想を一歩も出ていないことに気づき、がく然とした。愛ゆえの途方もない浪費。それを理解できない自分だった。

彼女は今、新しいアイロンで快調にシャツを仕上げている。不調なアイロンは、故障ということで新品と交換になった。そういうわけで今、家にはアイロンが二台ある。使われていないアイロンも、神さまのご用に用いられる日がきっとくるだろう。

まだ若かった私は当時のご夫婦のレポートを拝見し、私は思わず腹を抱えて笑い出したものだ。今その奥様は、このレポートを踏まえて次のように言われている。

レポート23　結婚生活のもたらしてくれたもの

前述のレポートは、私たちの新生活のひとこまの中に、男性と女性の行動とその動機の違いを、彼自身の発見として報告したものでした。男性とはそういうもの、女性とはそういうものという一般化ではなくて、自分の生活体験の中で見つめ直したものを彼は書いたのだと思います。

「アイロン事件」は、私にとっても発見でした。私は、自分が女性であるということを、夫に会う前は知らなかったのだと生活の中で感じました。生物的に女性であるという以外に、分かっていなかったのです。夫との生活は、私の中にある女性という賜物を引き出してくれました。私は自分を取り戻しつつあるように思いました。結婚して、独身時代より自由になったと感じました。この事件は、「女性として創られた」ことの意味を考え始めたという意味で、私にとっては忘れられない転換点になっています。性別という枠にはめこむという意識を越えて、『女性であること』原題タイトルにある mission の文字にも、改めて目が開かれる心地がしました。

そして、このレポートはまた次のように展開する。

レポート24　女性であることの幸せ

私にとって、このことをふたたび確認したのは、母親という立場が与えられたときでした。

それはまさしく神からの一方的な恵み、選びでした。

最初の流産という痛み、祈りつつ過ごした次の妊娠と、生まれた子の先天性の心疾患。これらに向き合ったとき、言いようのない悲しみを越えて、母親という立場に召命にも似た思いを持ちました。

トゥルニエは、「女性は母親になったとき、持っている限りの才能が開花する」と書いていますが、まさにそのとおりです。

母になる前この部分は、母親にならなくては未完成と言われているようで釈然としなかったのですが、今はそうでなく、育てる者としての可能性を限りなく埋蔵している性、と指摘されていると感じることができます。

それを開放できるのは、神からの恵みであり、それを恵みと認めるとき、自ずと溢れてくる力であることを体験しました。

その後、子どもは二人になりました。日々の生活は、この子たちの世話に追われています。神からの大切な預かりものである彼らを抱きながら、神から任命された職業である母親とは、なんと素晴らしい仕事だろうと思います。もっとも彼らの引き起こす待ったなしの喜怒哀楽に、しみじみ母親である身の幸せを感じている時間はあまり無いのですが……。

ネガティブな思いに引きずられそうなとき、今任されていることは神から来ていることを思い起こします。それは、人をモノとして利用する世界の話ではなく、その存在すべてをかけて愛してくださった方との出会いが自分を生き返らせ、まわりの人と響きあえる関係を築けるよう押し出してくれる世界、人間をそういった霊的な人格を持ったものとして祝福している世界なのだというメッセージを、トゥルニエの本からも、今の日々の生活からも受け取っています。

(5) 結婚生活の成熟

長年の結婚生活は、私たちに思わぬ心の成長や発展をもたらす現実がある。

次のレポートは、もう結婚生活三〇年余を経た人によるものである。

レポート25　離別を越えるもの

『老いの意味』第三章に、「年をとるのも二人ずれで」というタイトルの文があり、そこに次のように書かれてあります。「ひとは年をとるにつれて、より緊密で奥深い親しさが必要になるのがふつうです。よく気のあった夫婦の場合は、この欲求は二人揃って年をとるというくらべもののない幸福の中で満足させられます。この幸福を手に入れるには、いくつかの危機をのりこえてこなければなりませんでした。」（163頁）

結婚式の前日まで、私は一つのことで悩み続けていました。ごく親しい友にそのことを打ち明け、また主人にも話しましたが、みな笑ったものです。それは私にとっては死ぬほど辛いと思っていたことなのに……。

私は変わった人間なのだろうか、私が思っていることはそんなに滑稽なことなのだろうかと、ますます一人で泣いた日々を忘れることができません。それは、「いつの日にかやってくる主人との離別」のことでした。

私は、結婚をすれば必ずどちらかが取り残される日が来るに違いない。もし私が取り残されたら、その辛さに耐えることができるだろうか、そのような苦しみを味わうのなら、結婚なんかしない方が幸せではないだろうかと、真剣に悩んだものです。結局は解決が得られないまま結婚し、三〇年以上の月日がたちました。

ここ数年、私は結婚前に抱いたあの恐怖感が無くなりつつあることに気づきました。同時に、なぜだろうと自問するようになりました。つまり、主人との離別を恐れなくなったということは、私にとっての主人の存在が変形してきたのだろうか、という不安を持つようになりました。主人は私にとって、それほど大きな存在でなくなったのだろうか？　結婚生活にうんざりしているのだろうか？

どちらもノーです。

私はその答えを今見つけました。やはり同じ『老いの意味』の169頁に、「わたしが気づいたのは、お互いの別離をもっともよく耐えるのは、もっとも親密にうちとけた夫婦にほかならないということでした」という言葉です。

このトゥルニエの言葉に出会って、これまでの結婚生活を通して、確実に夫婦として成長させられてきたことを確信しました。私は、かつての私のような恐れを抱いている女性がいたら、このように言ってあげようと思います。「よく分かるわよ。でも大丈夫……」と。

よく生きてきたご夫婦には、そのご夫婦だからこそ言える素敵な「言葉」が宿るものではないだろうか。

（付記：本書『結婚の障害』が野辺地正之氏によって訳されたのが一九七〇年、つまり今をさかのぼること半世紀前である。そしてその間日本人の結婚観も男女関係もその生活も大きく変化した、とりわけ女性の生活においては女性の〝社会参加〟と〝離婚〟そしてシングルマザーの急速な増加である。しかし、本書が主張する男女の違い、男性の恐れ、関心の違いなどは、今なお多くの普遍的な真実を伝えているもののように思われる。

そして、若い男女が結婚以前にこうしたテキストで学びを受けていたら、結婚生活にまつわる多くの初歩的な失敗を免れ得るのでないだろうかというのが私の長年の願いであったのだが最近になって「キリスト教良書を読む会」のメンバーによってあちこちの教会で〝老い〟や〝子育てを学ぶ〟会に併列して〝結婚〟をテーマとした学び会がもたれるようになってきている。

私がトゥルニエにこだわる理由には日本人のキリスト教信仰が教理を越えて信徒一人ひとりの実生活に生きることを願う所にある訳だからこうした動きは誠に幸いと思う次第である。

5章　『生の冒険』
——神は最高度に冒険精神を持ったお方である

この本の魅力については、1章と2章ですでに触れたが、この本が多くの人に歓迎されるのはこの本の持つ発想のユニークさ、応用の広さにあるように思われる。

換言すれば、このテキストの特長は従来の信仰書にありがちな、「こうあらねばならない……」「こうあるべきだ……」などという上から下の抑圧的・拘束的な見方、考え方ではなくて、むしろ生の現実の持つ、多様性や躍動性が豊かに描かれているのが読者をはげますであろう。さらにもう一言加えて言えば、神はその一人ひとりの生に関与なさるがゆえに、失敗や恐れ、病いや老いでさえも、神の御光の中で光を放ち、肯定され得るという視点が多くの読者の共感を呼ぶのであろう。

つまりこの本は〝教え〟の書ではなく与えられた人生を私たちがどう生きるかという〝実践の書〟〝生活の書〟なのである。

1　本書の要旨

(1) 人間に固有な冒険本能

さて、本書の一番の特長は何と言っても〝神は最高度に冒険精神に富んだ方〟あるいは（神は）〝偉大な冒険家と言ってもよい〟という言葉に集約されているように思われる。（90頁）すなわちトゥルニエは、創世記第一章の、「生めよ、増えよ、地に満ちよ」という有名な聖句や、それに続く、「それははなはだよかった」という御言葉から、イエス・キリストの神は創造の神、冒険の神にちがいないというのである。

そして、「神は第一日目に天と地とを、第二日目に水と水とを分けられ、第三日目に陸と海とを造られた……」という記述に見るように、私たちの生も神の冒険の一つとして意味づける。そして人間は皆こうした神の導きの中にあると捉えるのである。

その根底に流れる思想は〝質の高い生の実現〟である。

そして私の思う所このトゥルニエの主張は今までの日本のキリスト者が教え込まれてきた思想、つまり人生の困難を〝試練〟とか〝忍耐〟と捉えるのではなくてその中にも神の配慮のあることを知って心の旅を歓迎しようと言う〝態度転換〟に求められるのではないだろうか。それ故トゥルニエの中では老いというのも〝孤独〟〝不安〟〝諦め〟〝衰退〟といった負のイメージとして捉えられてしまうのではなく、老年期は、隠遁《いんとん》どころか、第二の人生活動（カリエール）として大切な時期として捉えられている。そしてこの「冒険的」「創造的」という発想は、彼が八〇歳で来日したおりの講演集『生きる意味』に顕著に表れている。

トゥルニエのこの講演は彼が来日した一九七〇年代にさかのぼることであるが、「聴く者」と「語る者」とが一体になり、彼の言う人と人との心の通い合う「出会い」が、目の前に実現した素晴らしい講演会で、その会場一杯にあふれた感動を思い出す毎に、私は今でもトゥルニエの気迫に圧倒される思いがする。

そこには、少年のような目の輝きを持つ人なつこい八〇歳の老人が〝凛〟として立っていた。

たとえば、トゥルニエは次のように言っている。

今日、老人問題は社会問題になりつつあります。老人たちは、社会の外に放り出されたように感じ始めました。今の社会は、物質的生産の上に成り立ち、何も生産できない者は不要な者と見られるからにほかなりません。老人の中にはもちろん、まだまだ頭も冴え、能力もあって活躍している人も少なくありませんが、その生活がもはや何の意味もなくなってしまった老人たちも、周囲にたくさん見かけます。

しかし、人間は最後まで創造する人間として忙しく生きたいという内的欲求をもっている存在なのです。実際、定年後に十五年も二十年もあるならば、いろいろな外国語を学ぶことさえできるのです。それだけまだ年月が残っているなら、原子物理学者にだってなれるかもしれません。人間には、常に自分を進歩させたいという願望があります。ですから、老年であっても進歩のときでなければならないのです。あまりにも多くの老人たちが、過去にしか目を向けていないのはほんとうに残念です。

老年は一つのアヴァンチュウールですらあります。もちろん体力の限界の中で考えなければいけませんが、たとえ体力は衰え、心理的な力、記憶力などが衰えても、なお成長を続けることのできる領域があるのです。すなわち、霊的に向上することができるのです。心をもっと大きくすることもできます。愛に成長することもできます。若いときには、愛はきわめてエゴイスティックな愛です。相手の人に、あなたをできるだけ幸せにしてあげたいと言っても、ほんとうは、自分が幸せになりたいと願っているものなのです。

若いうちはそれでもよいのですが、年をとるにつれて、もっと利己心から解放された愛に成長していかなければなりません。元気で働いているときには、同じ職場の人とか、同じ教会の人とか、同じ党派の人などを大切にしますが、年をとるにつれて、もっと広い大きな愛に生きることができるものです。また同時に、自分の内的生活のため、神との親しい交わりに生きるために、もっと時間を見つけることができるでしょう。忙しかった時代には、なかなかそんな余裕はありませんでした。(『生きる意味』21～23頁)

トゥルニエが『生の冒険』という本で強調していることは正にこのことである。それをあえてここで一言で言い表すなら、人間には冒険精神という私たちの魂から消え去ることの決してない一つの本能が与えられており、またそれは人間に固有な属性であり、人間の活動の大きな原動力であるという内容のものである。(8～9頁)

冒険への情熱

さてこの本の初めには、次から次へと仕事に追われ、ヘトヘトに疲れ果てて帰ってきた一人の大商人が登場する（13頁）。

彼はそれほど疲れ果てているのに、なぜ、なおその働きを止めようとしないのだろうか。

彼を動かすのは所有欲だろうか。

もっと輝かしい成功への夢なのだろうか、獲得の喜びなのだろうか。しかし、もしそうであるなら、彼はいかに貪欲であろうとそこで事足りたとして、冒険を止めてしまうのでないのだろうか。

あるいは、その成功体験に酔いしれて、彼はもう守りの姿勢に入ってもいいのではないのだろうか。

そこでトゥルニエは、この大商人には、成功、達成、所有を越えた、もっと別の原動力があるはずだと言う。

それは、「冒険への誘い」である。

彼は「儲け」より、もっと新しいものを求めているのである。

しかしながらこうした衝動は、何もこの商人だけとは限らない。科学者にも、職人にも、はたまた主婦をも等しく抱くパッション（情熱）である。

たとえば、科学というのは一般に、冷静な理性とすぐれた知性が要求される世界と見なされやすいが、トゥルニエは、実はその原動力は情熱に属する事柄だと言う。

というのは、ある実験が思いがけない展開を見せたとき、科学者は直ちにその不可解を解明するため、寝食を忘れて実験室にこもり、向こう見ずな仮説を次々と立て、その実験に没頭する。その結果、家庭を忘れ、重要人物との会見もしばしば忘れてしまう。つまり科学的な探究の大きな原動力は、冒険心だというのである。（12頁）

職人も同様である。仕事場でフトした思いつき、ささいなアイディアにとりつかれるや、日常生活のアレコレを忘れてそれに没頭する。

大学教授もこの情熱にとりつかれて「冒険家」となる。大学教授というより、探究者に変貌する。

このように見ると、アルピニストも、洞窟探検家も、果ては原子爆弾を作ろうとする企ても、一種の冒険心の現れと見ることができる。

そしてこの冒険の魅力の前には、いかなる理性も阻止力を失うのである。（13頁）

子育てもまた冒険である。（24頁）

若い母親たちは、なぜあれほど生き生きと目を輝かして子育てにいそしむのだろうか。

もちろんそれは親の責任であり義務であり、喜びであるためかもしれない。しかしそこには子どもを介し、親の果たせなかった夢の実現、つまり親自身の冒険心がまぎれ込んでいたり、逆に、親の予想とはまったく裏腹の面白いことをしてくれるかもしれない、という期待がまぎれ込んでいたりするのではないだろうか。

もちろん、子どもたちの心もまた「冒険心」で満ちている。

ようやく伝い歩きが可能になった幼児は、生活空間の拡大に冒険心を、読んだ本に触発されて夢を広げる児童期の世界にも、明日はまた家に帰ったらランドセルを投げ出して仲間と裏山に分け入って、秘密基地を作ろうと想像して寝入る少年期の心も、もとはと言えば一つの冒険心である。

それゆえ子どもの毎日には、強い「冒険心」が息づいていると考えてよい。

だからこそトゥルニエはよく遊ぶ子は、将来よい仕事をすることが約束されていると明言しているのであろう。（25頁）

教育という学びの世界もまた本来冒険の一つに他ならない。

この世界の法則を知ることは、驚きであり喜びだからである。

そしてトゥルニエは、古代の教育法の方がはるかに人間のこの基本的なニーズに応えていたのではないかと指摘する。

今日のような複雑に入り組んだスケジュール、管理教育、初めから結論やゴールが決まった詰め込み教育はなく、子どもの世界にはまだまだ広い「未知の世界」が開かれており、もっと大きな「自由」が保障されていたからである。

かくしてトゥルニエは「活きた学校」とは、冒険精神を教育の中に復帰させることに他ならないと言う。

さらにまた両親に反抗する若者たち、働きたがらない若者たち、別の言葉を持ち、別の思想を持ちたがる若者たちもまた、冒険心を持っていると言えないだろうか。

彼らは、自分自身の身をもってこの世の現実に触れ新たな自分を発見しようとする冒険心を抱いているのである。

また、信仰を宣べ伝え、改宗者を作ろうとして身を粉にして働く宗教者もまた、冒険心の虜になっている人々と言えよう。

真理を保持し、自分たちこそ聖なる真理の受託者だと思い込んでいる人々にとって、異邦人や未信者、他教会に無視されている人々に真理を伝えること以上の冒険はないのではないか。（29頁）

こうした理解をもってすれば、異端に属すると言われるグループほど宣教熱が強いのは、この文脈の中でこそよく理解できる。

つまり、自分たちこそ聖なる真理の受託者と考える十字軍的行為が、彼らに痛々しいほどの活力を与えるのである（37頁）。

このように考えてみると、人間には確かに、「冒険本能」が与えられている存在であることを認めざるを得ない。

(2) 冒険精神の枯渇という悲劇

しかしながら、この冒険はいつまでも続くとは限らない。開拓期を過ぎると、今度はそれが作り出したものに支配され始めるからである。

つまり人は手に入れたもの、築いたものを、管理、組織化しなければならなくなる。かくして、当初、開発心に満ちた精神は、今やその獲得したもの、作り出したものを保管、管理しなければならなくなる。そして、この宿命的ともいえる冒険精神の枯渇は、予想以上に早い(45頁)。このことをよく理解するに当たってまず学び会に提出された1つの印象深いレポートを提供して「冒険精神」の理解がどんなに人間を励ますか、その希望について話してみたいと思う。

レポート26

人生を、冒険という目線で生きていくことを発見できたこの本との出会いを感謝します。神ご自身が冒険精神に満ちたお方で、天と地と、そこに満ちているもの、さらに人間を造られました。

102頁に「人間が神によって開示された冒険のすべてに、こんなに情熱を込めて飛び込んで行くのは、神が人を自分のかたちに創ったからである」と書いてあります。

また203頁には「この冒険の連続こそ人生の姿、そして意味である。人生は止まることがない。誕生は冒険であり、死も冒険である。青春は冒険であり中年は別の冒険であり、老年はまた別の冒険である」とあります。

生きている間、私たちは絶えず冒険の中に飛び込んで行くことができるという考えにワクワクします。

さらにはまた102頁には「聖書は冒険の書であり、冒険の書として読むべきものである」とも書いてあります。

この聖書の読み方も私には新しい発見でした。価値あるものを得るため、また更新していくためには誠実な戦いが伴う事も教えられました。例えば84頁（98頁）「結婚は、夫と妻が嘘をつき合ったり、何かを隠したりするだけで、もう冒険ではなくなってしまう。」結婚、仕事、あらゆる決断、信仰、等々……冒険とは与えられた生の中で、誠実な戦いを続けて行くことでもあるようです。その際の価値基準は当然「神様」です。

さらに217頁「私の小さな個人的冒険は、神の大いなる冒険と調和しているだろうか。私の小さな冒険の中に、神の大冒険の片鱗が見られるだろうか」というトゥルニエの勧めに、内なる声に耳を傾けつつ、冒険の歩みをしていきたいと思わされました。

実際、89頁「冒険に参加している人の精神状態を表す、感激（enthousiasme）という言葉自体、文字通りの意味は〝神を自身の内に感じること〟である」だそうです。

すでに得ているものでも、さらに価値あるものとして生きたいという理想はあっても、神様に喜ばれるような努力（戦い）を怠ってきたように思いますし、神様が私にも期待してくださっていると思ってはいても、現状維持、面倒なことは先送りといった消極的な選択をしてきました。

しかし114頁には「どんな種類の冒険にせよ、人々を力づけて冒険へと押し出すこの力自体は神の賜物であり、愛のしるしである」とありますが、冒険のための活力なども既に頂いていることを思い、神様の期待が私の人生に成就できるよう、またさらに大きな神のご計画にも参加して行けるよう、冒険精神に満ちた神の愛に突き動かされて、歩んで行きたいと思いました。

ちなみにこの〝冒険の枯渇〟という悲劇は、本文では、「かつて使徒職であった者が今や役人になってしまった」という印象深い言葉で次のように表現されている。

すべての宗教運動やセクトは、聖霊の強いうながしによってできたものではあるが、少しずつ、数の増加や成功という事実自体によって、大きな機構に成って行く。成功が来れば、組織化が必要となる。管理しなければならない相当量の金額がたまる。事務所が必要だ。ビルを建てよう。委員会が必要だ。タイピストなども必要だ……。こうなるともう冒険ではない。彼らは行政的な面倒を背負いすぎているので、純粋に霊的使命のためにほとんど時間を割けなくなっていることに自責の念を感じるようになる。（47頁）

〈組織化・管理化を打ち破るもの〉

そこで、こうした組織化・管理化・硬直化に対抗するために、もう一度冒険への飛躍が必要になってくる。この動きが保守勢力の硬直化を打ち破るものとして、一見、反旗をひるがえしたように見える革新勢力であり、開拓者の出現である。

ここで現れて来るもっとも重要な問題の一つは、冒険の更新の問題、定期的に冒険を活き活きしたものに甦らせることである。冒険はいつも涸れてしまうものだし、人々が思っているよりもその速度は速いのである。エレクトロニクスから比喩を取るなら、尻つぼまりの波から持続した波に移ることである。教会自体も、新しい預言者たち、すなわち聖ヒエロニムス、聖フランシス、ルター、聖イグナチウス、ウェスレーなどがつぎつぎ現われることによって存続したのである。

教会の指導者たちはいつも、熱情がふたたび燃え上がることを望むが、すでに取られた方向の中でのみ考える。ところがやって来るのは新しい出発だということになると、最初彼らはあわててしまう。このように新しい出発は、過去の光による彼らの教会観をつまずかせ、くつがえすものだからである。彼らには新しい聖霊運動は進展し完成するよりも、教会を裏切り破壊するものと見えるのである。そこで正規の教会はいつでもすべての深刻な霊的冒険を拒絶して来たし、襲撃を受けたあとではじめて、自分の迫害したものによって救われたことに気づくのだ。（50頁）

私がいたく驚いたのは、〝（教会という組織は）自分の迫害したものによって逆に教会が救われる〟という思いがけない指摘であった。

つまり宗教の世界ではよく、正統、異端をめぐって激しい争いが持ち上がるが、保守と革新の争いというのは、政治の世界のことばかりと考えられやすいが、宗教の世界でも、これと等しい原理が認められることは意義深い。

そしてよく考えてみると、宗教世界ではこのことはことの外、他の世界よりもやっかいであるような気がする。だからこそ、トゥルニエのこの指摘はその重要性を持つ。

というのは、信仰の世界は絶対化という、いっそうこみ入った構造を持っているからである。

つまり宗教的な世界は他の世界に比して際立って正統性を主張することがあるがトゥルニエの指摘はよく注意しないと宗教には、他の世界に増して排他的不寛容になって、結果的に自らの生命を危うくする危険が絶えずつきまとっていると考えられるからである。だからこそ、トゥルニエのこの指摘はその重要性を持つ。

とすれば、真理に広く開かれた心、柔軟な心、謙虚さとは、すぐれて宗教者に求められる資質に違いない。フランス文学者渡辺一夫氏の〝カステリコン〟と呼ばれる人物の悲劇に関して次のような記述がある。

デシデリウス・エラスムスによって、また青春時代のカルヴァンによって、その腐敗を批判された旧教会の組織は、当時はこれらの人々を異端視することで、相手を圧殺し、かえって自らの動脈硬化の度を加えたにすぎません。（中略）このように、生まれてゆくもの、組織化されてゆくもの、成長するものが示す不可避なゆがみを指摘し、これを批判する人間の存在は無力のように見えても、必ずいつかその意味も、その尊さも認められるはずであり、次章で触れるセバスチャン・カステリヨンは、こうした人々の一つの型ということになります。（『渡辺一夫』ちくま日本文学全集、214頁）

柔軟な心

さてここで、ちょっと一休みして信仰者にありがちな信仰者の硬直姿勢について、ジョン・M・ドレッシャーの、若い牧会者向きに書かれた本を紹介してみたいと思う。

その中におもしろい記述が一つある。

この本は若い牧師のために書かれた14項目から成るものであるがその中の一つに〈神が働いておられるとはとても思えない人や場所、計画の中に、じつは神が働いておられることをいつも心に覚えていたい〉という項目に、次のような内容のことが書かれている。

私は最近、神を一つの箱に閉じこめてしまうことをますます恐れるようになってきた。イエスの時代、宗教的指導者たちは神を型にはめすぎたため、彼らの面前で神が働かれる権利を認めたり理解したりすることができなかった。

神は非常に斬新な方なので、以前と同じことでも、その時と同じやり方で再びなさることはめったにない。とりわけ、神のことはすべてわかったと思うとき、神は他のどこかで働かれ、私たちが思ってもみなかった方法でみわざをなさるのである。これはまさに心躍らせられることである。(『若い牧師・教会リーダーのための14章』、83頁)

こう述べた後、ドレッシャーは、二人の神学者の言葉を引用している。

「私たちが、神はこのように働かれるのだと思っていると、もはやそのようにはお働きにならないのである」（オズワルド・チェンバーズ）

「神はどのようにご自分を私に現しなさるかと問われたら、私はこう答える。『神はご自身を新しさの中で現される』と。（中略）神は永遠に新しい方である。決してご自分を同じ形で現しなさらない」（カルロ・カレット、83頁）。宗教者に、真理に開かれた、広い心の求められるゆえんである。〝護る〟のではなく〝広め、深める〟という心の作業である。

そして〝意外性の神〟の発見こそ信仰者のあるべき姿ではないだろうか。聖書的に言えば〝人の思いを超えて働かれる神〟すなわち〝不思議〟という名の神である。ところが現実の私たちの神は〝変化も発展も〟なく〝意外性〟の乏しい神である、つまりトゥルニエ的に言えば〝冒険する神〟の入る余地など皆目ないのである。

素人感覚の必要

それではいったいどのようにして、私たちはこの硬直化の危険を免れ得るのだろうか。

この点に関しトゥルニエは、素人感覚の必要性を強調する。彼は、自分は生涯どの分野でも素人でいたいという強い欲求を持っていたと述懐する。（70頁）

彼はこのことによって、職業的に神について語り、職業的に祈り、職業的に神学をこねあげる危険から免れたと明言する。それればかりか、彼はこの素人精神によって、全的参加の医療を生涯実現し得たという。（71頁）

そしてトゥルニエは、仕事を職業として行えば患者は「症例」（ケース）となり、冒険精神を持ってすれば「人」となるという注目すべき警告を発する。かくして、彼は生涯自分の中に、絶えず冒険精神を養わねばならなかったという。（79～80頁）

このトゥルニエの視点は、今日の私たちに語りかけるところは甚だ大なのではあるまいか。というのは、臨床ではよく、専門化が進めば進むほど患者さんは一つのケースとなり、その扱いは事務的、機械的であり、人間的でないことでひんしゅくを買うことがよくあるからである。

かつて私は『援助者とカウンセリング』という本の中で、私はある患者さんについて書いたことがある。

彼女は、再三再四、救急で夜間病院にかけつけ、多くの医者からトラブルメーカー呼ばわりされ敬遠されていた。

しかしあるとき彼女は、医療者（つまり専門家）が、自分をやっかいな患者とばかり見、苦しんでいる人、悩みを抱いた一人の人間として見てくれないことに強く反応して、この問題行動に及んでいたのである。（70頁）つまりレッテルはりである。

今日は、あらゆる分野で専門家や資格志向が進む時代状況にあり、あたかも素人感覚は劣性なもののように捉えられ、専門家にすべてを委ねないといけないと考えがちである。

しかし、いつの時代も、案外素人の目がいちばん正確で、いちばんことの本質を見極めていることがあるのではないだろうか。

例えば最近私の友人のひとりは子ども専門病院の壁を全部メルヘンチックな絵に描き替え、廊下には子どもたちの喜ぶ調度品を置く仕事に携わっている。これまで子ども病院は白い壁と点滴以外見えるものがなかったからだという。これは専門家の陥りやすい無機質「冷たさ」などの対極に位置する、温かさ、人間味という本質を鋭くかぎ分ける素人感覚がよく生かされたよい例のように思われる。

このようにしてトゥルニエは、今述べた「素人感覚」は、聖職者や医者を職業的惰性の危険から守り、愛と全的参加の精神に道を開くものであり、仕事が惰性、義務、習慣の「牢獄」となり果ててしまわないためにも、この感覚の鈍化に絶えず注意深くあるべきだという(79頁)。この例としてトゥルニエは、よきサマリヤ人のたとえをあげる。

サマリヤ人の前に、二人の慈愛と人の救いにかけての「専門家」がエルサレムからエリコへの道を通って行った。彼らの職業の義務にせかされて、けが人の傍で時間をくおうとはしなかった。しかし良きサマリヤ人は、同情にかられ、立ち止まって、素人医者、素人看護人、素人輸送卒となる。イエスのもう一つの言葉を引いてみよう。「あなたがたは、命じられたことをみなしてしまったとき、『わたしたちはふつつかな僕です。すべき事をしたにすぎません』と言いなさい」(ルカ17・10)。イエスがこのテキストで暗示されたのは、この職業という問題ではないだろうか? 私は多くの聖職者たちがかつては確固たる信念に燃えて聖職につきながら、もしや自分たちがしまいには職業的に神について語り、職業的に祈り、職業的に神学をこねあげるのではないかと不安げに自問しているのを見て来た。彼らが、ただの伝道者、いわば素人牧師の熱心な献身をうらやむようになることもあり得るのだ。(70〜71頁)

職業的聖職者より、ただの信者、ただの伝道者の方がすぐれた働きをすることがあるという指摘は面白いことである。

結婚生活の倦怠と冒険

またトゥルニエは、「冒険」という視点から、職業上の冒険と結婚生活の冒険とが近縁関係にあることを、次のように表現する。

結婚とは正直さの大きな冒険であり、このことが結婚にゆたかな人間的価値を与えてくれるのである。結婚は、夫と妻がうそをつき合ったり、なにかをただ隠したりするだけで、もう冒険ではなくなってしまう。ときにそれは争いを避けようとする立派な意図から出ているのではある。だが彼らの結婚生活はどんよりした薄明の中にぼけてしまうかもしれず、二人ともの生活をただの惰性に、しまいには倦怠にしてしまうおそれがある。反対に、二人がお互いに、いかにつらくてもまた透明になろうという勇気をもつと、その時から彼らの結婚はまたゆたかな冒険となるのである。

（中略）神が「人がひとりでいるのはよろしくない」（創世記2・18）と言われたのもこのためである。人はひとりでいると、冒険精神を急激に失ってしまう。彼はこちこちになり、やがて自分自身について幻想を抱くようになり、自分に対してうそを言うようになる。彼が自分自身を知ることを学ぶのは他人との出会いや、真摯で深い対話の中でである。それは心理学者の書斎で起こることかもしれないし、夫婦の差し向かいの中で起こることかもしれない。心理的治療は一時的なものだが、結婚は一生つづくのだ。そして、結婚は夫婦のおのおのが成熟することを促すと同時に彼らの結合を強めるような、たえざる冒険の更新の貴重な手段でもあるのだ。(84～85頁)

創造性の欠如という私たちの現実

このように、『生の冒険』という魅力的なタイトルのこの本は、私たち人間が、否、信仰者が期せずして陥りやすい思索の硬化、画一化を洗い直す視点をさまざまな角度から指摘してくれる内容が多く盛られている。

それゆえに本書によって私たちが生の躍動感を回復できることは間違いのない事実である。この本によって聖書の読み方や人生の捉え方が一変した人々が少なくない。

キリスト者の貧しさ

次に、この『生の冒険』から想起される私どもの信仰生活の貧しさということに触れてみたい。次のような文章がある。

〈**想像力の貧困**〉

私たちは、科学や技術や文明の進歩をほこらしく思うときがある。しかしよく考え直してみると、人類はむしろ創造的な想像力のひじょうな貧困に悩んでいることに気がつく。ほんとうに新しい着想はめったにない。だからどんな分野であれ――数学、芸術、政治、産業――一つ新しい着想が生まれると、それは人間の冒険の豊かな一頁を開き、冒険の力強い活力のおかげで保守派の反対に勝利をおさめる。そして、社会改革などが行なわれた後、人々はなぜこのことをだれももっと早く思いつかなかったのだろうとふしぎに思う。なぜ奴隷制の廃止のためにはリンカーンが、赤十字創設のためにはアンリー・デュナンが、地動説を思いつくためにはガリレオが、りんごが地面に落ちるわけを問うのにニュートンが、労働者大衆が悲惨と経済的疎外の中に暮らしていることを認識するためにマルクスがいなければならなかったのだろう。

ほとんどの人々は、他の分野との関係をほとんど見もしないで、せまい専門の中で全生活を送っている。彼らはその部門で忠実に働いているが、教えられたもののほか何も想像しようとせず、観察するように言われたもののほか何も見ようとせず、すでに説明をされたもののほか何も理解しようとせず、自分たちの学んだ問題のほか何の問も発しようとはしない。彼らは自分の職業をよく知っており、注意と良心をこめてそれに従事し、熟達することもできるが、まさに技術的完成のゆえにこそ、冒険をしているという感じをもうもてなくなっている。するとたとえば世界における飢餓といったような大きく、さし迫った問題は、だれの管轄にも属さない所有者なしの土地のようなものになってしまう。ほとんどの人々は、慣習と伝統によってきちんと整えられた社会の中に住み、いつも同じ新聞を読み、同じ人だけとつき合い、同じ主題についてしか語らないのである。（272～273頁）

狭い専門の中で全生活を送り、教えられたもの以外何も想像せず、観察するように言われたもの以外何も見ず、すでに説明されたもの以外何も理解せず、自分たちの学んだ問題以外何の問いも発しないのは、他ならぬ私たち自身のことであろう。

この姿勢は、学校化した教会型信仰者の硬直した姿勢などを考えたらすぐ分かることではないだろうか。同じ教会、同じ教団、同じメンバー、同じ牧師、同じプログラムと列挙してみたらこの事はよく分かるかもしれない。

そしてそこは「忠実」や「従順」が美徳とされる世界である。またときには何かそれらに異論をとなえるとすぐに〝不信仰〟〝不誠実〟のレッテル貼りが待っている。つまり、安全志向の世界では〝はみ出さない〟ことをもって良しとする生き方が前提とされているのである。しかし、トゥルニエが『生の冒険』で明らかにした世界は絶えざる発展、絶えざる刷新の世界である。「立っていると思う者は倒れないように」との主イエスの御言葉が聞こえてくるようである。

（3）生活上の課題について

次に私たちの生活上で遭遇する個々の課題について、本書はどのような示唆を与えるのだろうか。

以下にその例を記してみたいと思う。

適応と不適応、そして成功と失敗について

私たちは安易に人を、また自分を、「社会的適応」あるいは「不（非）適応」という言葉で位置づけるところがあるが、トゥルニエは、人間は適応の視点だけからは眺められないのではないか、と次のように言う。

「ある精神療法家が、ジャン＝ジャック・ルッソーのコンプレックスをなおそうとし、それに成功したとしたら、彼はほんとうに成功したのだろうか」（152頁）。またアルベルト・アインシュタインは一五歳のとき、学業不振で学校を退学させられ、チューリッヒ大学の入試に失敗し、数学の助手の口を断られ、下宿からも追い出された。それでは彼は、生涯「不適応児」だったのだろうか。(154頁)

彼らはそれぞれに社会から、学業不振とか、不適応児と見なされながら、自分自身の人生を誠実に生き、新たな地平を開いたのではないだろうか。

失敗や不適応と見えることの中に、確かな創造性の萌芽が宿り、それが新たな生の冒険という地平を開くことが大いにあるのではないだろうか。

また人は社会的適応を優先するあまり、実は、主体性・独自性を失ってしまい社会のロボットになってしまうこともあるのではないだろうか。(154頁)

たとえば『老いの意味』の中で、トゥルニエは次のように言っている。

行動的、職業的人生は厳密な条件づけがいることはたしかです。すべてのしつけと学校教育の体系は、完全に間に合う労働者の養成のための長い一貫した鎖の輪のようなものです。家庭にあっては社会生活がうまく過ごせるような条件反射が養われます。「手を洗うんですよ——姿勢はきちんとして——きれいに食べて——ありがとうを忘れずに——身の回りを整理しなさい——話しかけられた人をまっすぐ見つめるのです」等々。……さらに学校へ行くと、正しく推論し、問題を解決するために必要な知的な条件反射を獲得します。技術学校や専門学校などでは、その修練を通じて、職業上の条件反射を身につけます。これらすべては、今や消費社会と呼ばれ、人類を積年の不幸から救うものと期待されているこの現代社会の揺ぎない歯車装置に、どうしても欠かすことのできないものです。すべては正確に動かねばなりません。一ミリの十分の一までもきっちり合わせられないものは、容赦なくごみ箱行きです。（『老いの意味』359頁）

私は〝条件づけ〟という訳語に注目してみたいと思う。〝中高一貫教育〟、〝画一教育〟を連想させる言葉である。そして会社社会もまた〝一丸〟となってという、まさに日本は条件づけの世界である。しかし、トゥルニエは条件づけを拒否することは、老年期に人生の成功、つまりその大きな開花に、ぜったい必要なものだという（前掲書360〜361頁）。そして彼はこの本の中で当時のヨーロッパで老人問題が顕著になる職種に〝公務員〟を挙げている。

このように考えると、「適応」という価値観も、単に一つの目安にすぎないことが分かる。トゥルニエ自身の手痛い失敗談を読むと、私はその感を一層深くする。

私はたくさんの講演をしたことがあるが、そうした講演でいくぶんなりの成功を収めたとき生じるよろこびを隠そうとは思わない。しかし何年も前味わったどうしようもない失敗のあざやかな思い出は忘れられない。それは大学関係のものだった。出だしから、私は聴衆としっくりできなさそうだと感じた。私は自分のノートにしがみつき、どうにかこうにか、嵩じてくる不安とたたかいつつ準備して来たことをしゃべった。話をおえて出るとき、私は友人たちが私のためにも自分たちのためにも出会わずにすむよう飛び出すのを見た。そして妻といっしょに自分の車にまた乗ったとき、私はさめざめと涙を流した。
しかしその翌日、私は一人の哲学者から電話を受けた。彼はこれまでにたくさんの立派な講演を聴いたがそれらは彼に眩惑をのこすばかりであったと語った。彼はつけ加えて、私の講演くらい不出来なのははじめて聴いたが、不出来であったからこそ彼の好奇心はそそられ、私に会いたくなったと言った。この出来事が哲学者と私とのすばらしい友情の発端になった。私は彼の経験したいくつかの決定的な精神的経験の証人であり、このことは私に講演の成功以上に永続的なよろこびを与えてくれた。(155頁)

そしてそれに続いて、トゥルニエは次のような経験を私たちに分かってくれる。

それより何年か前、私の教会人としての経歴は深刻な失敗によって終わっていた。私は自分の思想のために、私の教会の統治に対して熱心にたたかった。教会が変革されるそのとき、強い反対が起こった。私は再選されたが、私といっしょにたたかって来た旧友たちはだれもえらばれなかった。そうなれば無力にされたわけだから、私は苦い思いで選出を断った。しかしそれから数カ月後に私は生涯でもっともゆたかな宗教的経験をした。私はもし教会の問題で成功を収めていたらこれらの経験はしなかったろうと思う。私は教会人としての役割を果たし、論争をつづけて行ったことだろう。（155～156頁）

かくして彼は次のように言う。

他のところでも述べたように、じっさい私たちはみな、同時に二つの生を送っている。ひとつは目に見える、私たちの人柄の外側の生であり、もうひとつは隠れた、人格の深い生である。これら二つの生は解き放しがたく結びついているがしかし截然《さいぜん》としており、多かれ少なかれ一致するか、もしくは多かれ少なかれ相違する傾向がある。（中略）私たちの人柄は社会の中で多くの成功、たとえば芸術上の、また文化的、道徳的、精神的な成功といった、もっとも成功らしい成功をかち得ることができる。そのとき人格は、そのもっとも深いところで生の失敗という深刻な感情を味わっているのである。（156頁）

失敗に至る成功というものもあれば、成功に至る失敗も現実にありうるのではないだろうか。それゆえトゥルニエは、失敗と成功の定義はむずかしく、両者の境界はにわかに定めがたい。また人生の成功者と生の成功者は、決して同列ではないのではないか、と言うのである。

病いと障がい

冒険という立場から見れば、病いの体験もまた必ずしもマイナスとばかりは言えない。トゥルニエは次のように言う。

病気は実生活におけるハンディキャップであり、成功の障がいであり、生の冒険の中断である。そんなわけで、聖書の中にはしばしば、癒された人のことを、「生にもどった」と書いてある。（中略）神はいつもすべての病人の回復を望んでいる。神は私たちの病いが癒されるようにという祈りのすべてを受け入れる。祈りがききとどけられるとき神は讃むべき方である。しかし、ききとどけられないときには、多くの病人はそのことで悩む。（中略）しかしながら、病人がこの失敗感を克服することもある。「病人でありつづける人々は敗者ではありません」と、シュザンヌ・フーシェは書いている。女史の人生は、若い盛りから疾病と虚弱とにむしばまれていた。自身の経験から彼女が学んだのは、社会に復帰しようとたたかうとき、ハンディを背負った人のうちにおどろくほどの新たなエネルギーが湧き起こって来るということである。（中略）そこでシュザンヌ・フーシェ女史は「連盟」を創始し、運営するようになったし、またたいへん実りゆたかな方針をとるようになった。すなわちフランス各地に彼女が組織した二十一の施設の中で、彼女は身障者たちに教育、教養の補充を提供し、彼らが放棄せざるを得なかった生き方よりもっと楽しくもっと有益な生き方を可能にしてやった。その結果ある日、彼らはこうひとりごとをいうかも知れないのだ。「私は身障者でなかったらこれほど成功しなかっただろう」と。（124〜125頁）

カルヴァンとジイドの言葉

この成功と失敗の項には、カルヴァンの印象深いエピソードが載せられている。

カルヴァンはある高貴な病人に対して次のように書いている。「閣下、名誉や富や世俗の権勢に囲まれているとき神に聴くことがいかにむずかしいことであるか、あなたはよくご存知です。神は、あなたが傍らに退いてよりよく神に聴かれるようにと望まれたのです（中略）あたかも、神はあなたにひそかに、耳もとで話しかけようとされたのです。」（126頁）

確かに人は病むとき、それはしゃにむに走って来た行程にストップをかけられることであるが、その病気体験が人を黙想と豊かな自己復帰の生活、神との出会いの時に引き入れることになったり、健康なときには考えられもしなかった新しい感覚を獲得することがある。私はかつてある医療者の研修会でA・ジイドの次のような内容の言葉を引用したことがある。

私は信じる、病気は私たちのどこかの扉を開き得る鍵だと。私は信じる、どこかに扉があって、病気だけがただ一つ、それを開き得るのだと。いずれにせよ、健康状態では理解するわけにはいかないものもあるのだ。おそらく病気は私たちに、いくつかの真理を閉め出し、同様に、健康は私たちに、他の真理を閉め出すだろう。

(『老いと死』——医療・保険・日本キリスト者医科連盟北海道部会出版 九六年)

老いと死における冒険

病において人は新しい感覚を獲得し、生の可能性を広げることがあり得ると同様、死においても、いや死においてこそ、真実な対話に恵まれることがあるとトゥルニエは言う。

真に自覚的で明晰な、平穏のうちに受け入れられた死というものはまれである。しかしだからこそ死はなんと印象的なことか。私が一緒に長く仕事をしていた若いお嬢さんが花盛りの年齢で重病になった。すぐ彼女は自分が再起できないだろうと直感した。そこで彼女は最後にもう一度会いたいと思った親戚、友人のリストを作って、ひとりひとり枕元に呼び寄せた。彼女は思いをこめて各人に心から言いたいと思ったことを述べた。そして最後の訪問の翌朝彼女は死んだ。私は多くのすぐれた友から、自分の死期を知ったその時にこうして呼ばれた。そのとき対話は何という深みをもっていたことだろう。それはいつもにまして率直なものであった。もはや人生の意味を抽象的に論ずるのではなく、真の交わりの中でともに人生を生きるのだった。おだやかな、気取りのないいくつかの言葉が、心からほとばしり出た。思い出、沈黙、そして相互の感謝が交わされた。（128頁）

また次のようなエピソードもある。

そうした人々の一人で、私の牧師だった人の最後の言葉は、いまなお私の心の中にのこっている。「さようなら、トゥルニエ。永遠の友情を贈るよ」。それから祈りをともにし、すぐれて人格的出会いを経験したのだった。そうだ、互いが神に接しているときほど真実な、友との人格的触れ合いはない。そして神と人格的に出会ったものは、どんなことからも雄々しく離れることができるのである。彼はそのとき、あの老人シメオンが、幼児イエスを紹介されたときに言った言葉を自分のものとすることができるのである。「主よ、今こそ、あなたはみ言葉のとおりにこの僕を安らかに去らせてくださいます、わたしの目が今あなたの救いを見たのですから……。」(ルカ2・29〜30、128〜129頁)

このように見ていくと、病いを得ることや死に向かうことは、私たちの生の現実において必ずしも歓迎されず、その価値など顧みるいとまもないことだが、その否定しがたい苦しみや悲しみの中にあっても、神の冒険という世界において、人は何らかの可能性を見出し得ると言えるのではないだろうか。

神はすべての職業に関心を持つ

〝聖職者〟ということばが使われ出してからだと思うのだが、どういう訳か宗教界には〝聖〟と〝俗〟を分ける見方が広がってしまった。

その結果〝聖化〟を求める人々の間には〝ある職業は尊く〟〝ある職業はいやしい〟という考えが入り込んでしまったように思われる。

はなはだ残念なことである。

しかしトゥルニエは「つまらぬ職業などはない。神の前に輝かず、貴重でもない無価値な仕事というものはない」（254頁）と明言する。学び会でもこの箇所から光が当てられ、励ましを得たホスピス医がいた。

彼女を励ました一文は、以下のようなものである。

神はその計画の遂行のために、司祭や司教や牧師や伝道師だけを必要としているのではない。神は技術者や化学者、庭師、街の掃除人、仕立屋、料理人、商人、物理学者、哲学者、判事、タイピストなどを必要とする。「兄弟たちよ――とヤコブは書いている――。わたしたちの栄光の主イエス・キリストへの信仰を守るのに、分けへだてをしてはならない」（ヤコブ2・1）。（中略）カルヴァンは味わい深いことばでこのことを表わしている。「（中略）神の前で輝かず、貴重でもないような、無価値の卑しい仕事というものはない。仕事の中でこそ私たちは自分の召命に仕えているのだから。各人はおのおのの場で、自分の身分は神から与えられた部署であると考えるべきである。（中略）私は患者に注射をしたり膿瘍を切開するときにも、処方箋を書いたり、常識的な助言をしているときにも、やはり神に仕えているのである。私はまた、新聞を読み、旅をし、気のきいた言葉に笑い、電線をはんだづけしているときにもやはり神に仕えている。（中略）アングリカン・チャーチの大司教であるウィリアム・テンプル博士はこう書いている。「神が宗教にのみ、ないし主として宗教に関心をもっておられると考えるのは大きなまちがいだ。」（254～255頁）

このように眺めてみると、聖と俗の分離の中で苦しみ、自分が今手がけている世俗的な仕事は、とうてい神の御心に叶うものではないなどと思いこまされている私たちは、トゥルニエの指摘によって大いに元気づけられる。

すなわち、神はすべてのもの、すべての職業に関心を持ち、かつ神の計画は王や預言者や使徒たちだけによって実現されるのではなく、当時卑しい立場にあるとされたラハブ（ヨシュア記6・17）、ナアマンの下女（列王記下5・2）、取税人のかしら（ルカ19・1）、つつましい行商人ルデヤ（使徒16・14）などによっても実現されていることを知って励ましを得るのである。

2　「読む会」のレポートと共に

『生の冒険』を読んで、今置かれている自分の立場、状況に光が当てられ、励ましを受けた方々は少なくない。以下に、「トゥルニエを読む会」に提出されたレポートから、そのいくつかを紹介させていただく。

（1）冒険精神の回復

レポート27　発想の転換

私がこの読書会に出席している意味は、その場所で、自分の人生をもう一度じっくりと考えたいということがあります。新しい本に入る度に、「トゥルニエに出会えてよかった」と思わされてきましたが、『生の冒険』を読み始めて、「トゥルニエという人物とこの本に出会えて本当に良かった」と改めて思いました。

トゥルニエ博士の、人間の根本的なところを見つめる鋭い洞察力に敬服します。

工藤先生が、「今あなたの抱えている困難や現状を、人生の冒険だと考えたらよいのではないか」と私に向かって言われたとき、「何と面白い発想だろうか」と思いました。

そして同時に、気持ちが軽くなるのを覚えました。

それで、この本を読んでみようと思う気になったのです。

ここ数年、さまざまな問題が起り、「夫婦って何だろう。まったく人生とは何だろう」「どこに人生があるのだろう」と思って生きてきたため、人生の大変さばかりが目につきました。

しかし発想を変えて、神がさまざまな冒険をさせてくださっているのだと思うと、わくわくとまではいかなくても、「人生って面白いものだなあ」と思えてきます。

聞いた話ですが、昔、中国では鶏が空を飛んでいたそうです。

しかし日本に来て、庭で籠《かご》を被せられて飼い慣らされ、羽が弱くなって飛べなくなったそうです。人もまた同じではないでしょうか。狭い世界に閉じこめられ、縛られると、自由に飛び回る力を失ってしまいます。せっかく神が私たちに、楽しい冒険を味わえる人生を与えてくださっても、それを味わうことなく終える人もあると思います。そういう意味で、教会は人を生き返らせる所であるはずなのに、ときに逆の面もあるように思えます。何とも悲しい現実です。

「人生は冒険だったのか」という発想が、中年期の危機に一つのヒントを与えた例である。通常私たちは、何か思いがけないことが起こるとすぐに、それは克服すべき課題であり問題であって、決してその人の、またそのご家庭の〝冒険へのいざない〟などとは考えない。そして「早く、早く……」とその解決を迫り、「できるだけすんなりハッピーエンド」の結末に向かうことを期待する。

そしていったん、ことが自分の意に叶わないと分かるや、私たちはたちまち不安になり、焦ってしまうのである。

しかし青年期の「苦悩」の項目の中に見るように、人は苦難の中でこそ磨かれ、強められ、削られて成長し得るものである。

それゆえ、「これもまた神のご計画、神の与えてくださった冒険」と考えることができれば、少しは余裕が生まれるのかもしれない。

レポート28　神の冒険

私にとって冒険とは、物語の中のことでしかなかった。冒険に胸躍らせるようなことは、私にとって全く現実世界ではなかった。

しかしトゥルニエ博士は、「何によっても胸ふるわせることなく、冒険をもはや当てにしなくなった人々にわざわいあれ！」（18頁）と言う。

過日、教会で、放蕩息子のたとえ話について聖書研究をした。

父は財産を息子二人に分けてやり、弟息子が遠い国に旅立つことを許す。やがて、我に返った弟の帰還を、父は温かく迎えるというクライマックスを迎える。つまり、父なる神もまた〝一人息子イエス・キリストを天の御国からはるか遠く、この地上に送り出し、罪人らと共に過ごすことを許された〟のである。これは、神にとってもイエス・キリストにとっても、どれほどの冒険であったことかということを考えたら、父の御思いがいかに深いものであるかが、改めて味わい知った思いがした。

レポート29　単調な人生から冒険の人生へ

本書に、「そこで大事なのは、自分のうちに冒険精神を保持し、あるいはむしろ蘇らせることであり、科学における成長と同時に冒険においても成長することである」（79頁）というくだりがある。

私の日常はあまりに単調な繰り返しの連続で、そこに、忠実、着実という言葉でよしと判を押してきた生き方だったと思う。そして、ときに起こる出来事や困難は耐え忍んで主の時を待つものと認識してきた。

だが本書を読んで新しい視点が開かれた。つまり、「人間が神によって開示された冒険のすべてにこんなに情熱をこめてとび込んで行くのは、神が人を自分のかたちに創ったからである」（102頁）という一文に出会って、あまりにそつなく人生を送ろうとしている自分に気づかされた。

冒険も、感動もない人生というものは確かに寂しくも空しいものであることを知らされた思いがした。

考えてみれば、人間というのは狭く悲しい存在である。自分で自分の生を狭く貧しくしているようなものだからである。

聖書にイエスが「立て。さあ、ここから出かけて行こう」と言われた御言葉が出てくる（ヨハネ14：31）。もちろんそれは軽々しい御言葉ではないにちがいないが、もしかしたら主イエスがいつも私どもにこのようにお声をかけておられるかもしれない。

にもかかわらず、私どもはいつまでも〝安全志向〟で現状維持的で、そつのない人生に固執しているとしたならば、それは何と残念なことであろうか。そしてそれはまた聖書の精神からかけ離れた大いなる悲劇である。

（2）成功か失敗かではなく、神の計画の発見へ

次のようなレポートを書いてくれた人がいた。

レポート30 成功主義からの解放

本書を読んでいつの間にか、「成功」ということばが私の人生を支配してきたことに気づきました。

キリスト者としての歩みにおいても、不成功は証しにならないことであり、できうる限り避けるべきことと考えてきました。

しかしトゥルニエは、次のように述べています。「もはや問題になるのは、それらの出来事が幸いか不幸か、私たちにとって好都合なものかそうでないか、成功か不成功かを知ることではなく、神の計画の中で何を意味しているかを知ることなのである。」(187頁)

これを読んで私は今、成功と失敗、治癒と病気、独身と結婚という〝二者択一〟に捉えてしまう私どもの二分思考、わく組思考の不自由さを思い知らされました。私はこの言葉によって〝狭さ〟から解放されていく自由性の回復に迫られています。

冒険の世界は確かに、成功、失敗を越えた所に存在している。そしてトゥルニエは〝黄金時代を自分のうしろにくっつけているというのは危険なこと〟とまで明言している。(48頁)

〝冒険〟の世界では〝安全志向〟や〝成功体験〟への拘りはむしろ危険というべきなのかもしれない。

また「失敗」に対する捉え方をめぐって、次のようなレポートを書いた人もいた。

レポート31　失敗のもたらすもの

とくに失敗に関する記述に興味を持ちました。

トゥルニエは、人生において成功か不成功かが問題でなく、失敗をどのように受けとめられるかが大切であると述べています。

私も自分の人生に、いろいろ失敗や挫折を経験しました。

しかし、年齢と共に、挫折も神の大きな計画の中で位置づけることであり、少しは安心して受け止められるようになり、失敗の中に意味を見出し、新しい歩みを期待して待つことの大切さを知らされつつあります。

家業の倒産、父親への憎しみ。受験の失敗、会社に入ってからも、さまざまな挫折を経験しました。

負けず嫌いからくる上昇志向が強いので、成功すれば有頂天になり、失敗すると落ち込む等、他人との比較の中で、一喜一憂しておりました。

しかし今やこの年代に達して、失敗や挫折を恥ずかしがらずに語ることができるようになったし、それらを経験したからこそ現在があることも認められるようになりました。

ある時期、私にとって最大の心配は、息子のことでした。いちばん大切な時期に仕事が忙しく、何もかまってやれなかったことも一つの原因でした。

しかし、もし息子との関係もスムーズであったら、私はどうなっていたであろうか、と考えます。立派なクリスチャン、模範的なクリスチャンとして、他人の痛みが理解できない薄っぺらな人間になっただろうと思います。

今、一番の親孝行してくれたことになった息子との関係から自分の弱さを知り、無力感に打ちのめされてしまいました。そのことが神への祈りにつながり、神との交わりを通して、神のご計画の中で新しい冒険に踏み出す期待が湧いてくることに気が付いたのです。

「大事なのは神に聞くことであり、神に導かれて行くことであり、神が私たちに呼びかける危険にみちみちた冒険に立ち向かうことである。生は、神によって導かれる冒険なのだから。」（188頁）とあります。


（このレポートは、この息子さんが〝不登校体験〟から留年することとなり、様々なアルバイトをすることになるさなかに書かれたのだが驚いたことにその職場でよき先輩上司にも恵まれ、やがて大学進学、そして素敵なお嫁さんにも出会ってよき老後を送るに至った方の味わい深いレポートである。つまり人生何が幸いするのかは容易に伺い知れないという意味において。）

また「病気」という体験に関して、次のようなレポートを書いた学生がいる。

レポート32　病気のもたらすもの

『生の冒険』1章の5～7節まで読んで、「神の冒険」といったことをこれまで考えてこなかったことを残念に思った。

公務員の仕事は辞めてしまったが、私のこれまでしてきた仕事が、いかに退屈で無味乾燥なものだったかを今改めて思い出す。

それはきっと私が、トゥルニエの言う〈冒険〉に生きていなかったからだろうし、神の与えてくださったこれらの冒険に、本当の意味で参与していなかったからだろう。

そうした生活が数年続いた後、何と神は〈病気〉という一種の祝福を私に与えられた。私が本当の人生を生き、新たな〈冒険〉へと乗り出すことができるようにと……。

そしてそれがやがて私がこれから、「伝道者」としてキリスト教的冒険に踏み出そうとしている道に導こうとされている。神がこれからどんな〈冒険〉を私にお与えになるのか、ちょっぴり恐くもあり、楽しみでもある。

〈病気〉という体験も、神のご支配の中にあって一つの「神の冒険」たり得る、という発見は何ともはや面白い発想である。

もちろん私たちの多くは〝なぜ私が今、この時に〟という素朴な疑問からスタートするのが常であるが……。しかし私がこの本の原稿を書いていた当時、福祉教育の世界に移ってみて、驚いたことに生まれた子どもがダウン症であることから、定年後転職してパン製造を始めた方。また妻が痴呆になったために、公的役職を退いて介護の世界に入った方など、〈病気〉によって思いがけない世界に導かれた方々が少なくない現実に遭遇した。

このように考えると、「神の冒険」という概念は、私どもの思惑を越えたところで、神のご支配、導きが用意されているという良き知らせなのかもしれない。

3 瞑想について

トゥルニエの著作を読まれた方であれば誰でも、トゥルニエが生涯、瞑想あるいは黙想を重んじ、とりわけ晩年、それを生活の中心に据えて日々過ごしていたことに注目するはずである。

実際、トゥルニエ博士が来日したとき、トゥルニエのよき友人でもあり、すぐれた翻訳者であった山口實氏は、博士によく誘われて朝の静かな瞑想の時、豊かな黙想の時を持たれたという。

　ところでトゥルニエが、その生活に瞑想を取り入れるようになったきっかけは、ある一人の婦人との出会いであったという。そこでまずトゥルニエ自身、どのようにして黙想・瞑想を生活の中に取り入れていったのかを、『生の冒険』と『人生を変えるもの』を参考にしながら見てみたいと思う。

(1) トゥルニエ自身の内面の貧しさ

　トゥルニエが、神の前で黙想を始めたのは一九三二年だという。

　そしてこの時期、彼は教会活動に深く首を突っ込みながらも、肝心の内面の信心はいたって貧困だったという。

　自分自身に不安を抱いており、また結婚生活も、キリスト教徒らしさを装いながらも、根本的な問題が何も解決していなかったという。

　つまり、トゥルニエは三〇代半ばで、自分の精神生活に、何か根本的な欠如を感じ始めていたのである。

そうしたおり、トゥルニエはある集会で、一人のオランダ人が毎朝一時間くらい、神の声を聞くために心をひそめているという話を耳にし、そのことに興味をそそられる。

そこで彼はさっそく、静まって神に聴くことを実行に移してみるのだが、結果は惨たんたるものであった。

にもかかわらず、彼はこの習慣を続けていく。

この間の消息は次のように描かれている。

早速翌朝、いつもより一時間早く起き、妻に気づかれないようこっそりベッドから抜け出して書斎に行った。「一時間黙して神の言葉を聞くとはどんなことか試してみよう」と思ってやってみたのだが、何も頭に浮かばない。そのうち一時間は過ぎてしまった。整った説教を考えることはできるが、黙想とはそんなことではないはず。もっと自分の内面深く入ることだというくらいのことはわかっていた。終わって書斎を出たが、その時「もう少しやってみる必要があるかも」という考えが頭をかすめた。すると「おや、もしかするとこれが神の言葉かもしれない」とふと感じた。

私が興味をそそられるのは、この最後の一節である。

「おや、もしかするとこれが神の言葉かもしれない」と、ふと感じた。

神は、いつも私たちの外側に立って心の扉を叩いている気がするからである。

ついでトゥルニエは次のようにいう。

聖書の神はわれわれに語りかけてくれる神だということは疑わなかった。(そのことを)聖書では最初のページから神は語っている。シナイ山でモーセに律法を書き取らせることによって民全体に語っているし、モーセをパロのもとに送ったり、眠っている子どものサムエルを起こしたり、エレミヤを陶工のところに行かせたりする場合のように個人的にも語りかける。

聞こえないのは私が聞き方を知らないからだと思った。それで何とか黙想を続けたわけである。

少しずつ神の言葉を聞くことをおぼえたが、間違った解釈もしばしばあった。ある考えが神よりのものかどうか知るのはやさしいことではないが、肝心なのは決して間違わないことではなく、もっとよく聞くために神に近づくことだと悟って続けたわけである。

(『人生を変えるもの』135頁)

こうしてトゥルニエは、その後も妻ネリーと一緒に黙想を続けることになるのだが、相変わらず気持ちは落ちつかず、手帳に書けるような考えなど何一つ浮かんでこなかったという。

ところがその後大きな転機が巡ってくる。

ある日、〝家庭礼拝で、常々二人の間で感じている気まずさがどこから来るか、もう一度明日神様に伺ってみましょう〟と言った翌日の朝の黙想で、トゥルニエは忘れがたい一言を妻に言われる。

「あなたは私の先生。私の医師。私の精神医。私の牧師ですらあるかもしれません。でも私の夫ではありません。」（『人生を変えるもの』136頁）

妻ネリーは、それこそ神のお導きを受けたのか、当時のトゥルニエの問題を一発で射当てたのである。

その当時を振り返って、トゥルニエは次のように言う。

それから何か月も私はこの問題と取り組んだ。しかし、その意味の深さを悟るには何年もかかった。男性というものは直観よりも合理性が得意なだけに難しかったのである。とくに私の場合、孤児の寂しさから情感を押し殺し、気持ちを表すことができなくなっていたために、理論や論議や活動など心の触れ合いと関わりのない分野で社会にとけこもうと一所懸命だったからである。

私の信仰すら、教義についての思想にすぎなかった。そして妻には演説をぶり、授業を行い、心理学や哲学はもとより、教えることのできるものは何でも教えた。しかし、私は自分の気持ちや悩みや落胆を人に言うことを知らなかったのである。しかし、長い黙想の沈黙の中でそれまで心の底に押し殺してきたすべてのことが次第にはっきり表に現れてきた。様々な光景、苦しかった思い出、告白しなかった良心のかしゃく、実行しなかった決心などなど。そしてそこで初めて私は父と母の死に涙を流したのであった。

（『人生を変えるもの』137頁）

(2) 黙想が持つ意味

それではいったい、こうした黙想の持つ具体的な意味とはどのようなものだろうか。

本当に、夫婦で黙想を始めてから数年の間に、私たち夫婦の仲はどれほど改善されたかわからない。私は真剣に妻に耳を傾けるようになった。互いに相手の聴罪師のようになり、この世で可能な限り、互いの心の奥底まで知り尽くすようになったのである。黙想の時には日常の騒音の中では決して言わないことをたくさん語り合った。

（中略）これは確かに精神分析に似ている。フロイトも宗教とは関係ないところで、沈黙と傾聴の効力を発見している。しかし、根本的に違うところが二つある。精神分析では分析者は無言であり、とくに自分自身については一切口をつぐむ。ところが私たちの黙想では互いに心を打ち明ける。もう一つの違いは、黙想では神の現存を熱心に求めることが特徴となっていることである。神の愛に包まれた中だからこそすべてが言えるのである。精神分析でも、恥ずかしさをのりこえて、絶対他人に言えないことまで言えるのは、分析者の愛を信じてのことで、この愛は分析者が認めようと認めまいと、神の愛の反映と言えるかもしれない。

こうして私たちは少なくとも週一回、四十年以上のあいだ、三人でランデブーを続けてきた。神、ネリ、そして私。夫婦共に行う黙想は一人でする黙想と相互に補い合うようだ。その後の私の人生と仕事はすべてこの黙想から生まれたと言える。

〝その後の私の人生と仕事はすべてこの黙想から生まれた〟とは驚くべき告白である。確かに、人には〝独りでいるとき〟にしか起こりえない〝ひらめき〟の瞬間とも呼ぶべきものが用意されているのは事実である。かくしてこのエピソードは実際次のような結実をもたらす。

ある年の学会でパウル・プラットナー博士が、私たちを例にとりあげ、ユングの考えをもとに、結婚と社会での男女の出会いが人の成熟に及ぼす影響について説明されたことがあった。「ポール・トゥルニエはかつて自分の客観的態度を発達させる中で感情を殺してきた偽物のインテリでしたが、ネリと接するにおよんで、感受性を取り戻し、パーソンを癒す医師となり、ごらんの通り、彼本来の姿を取り戻すことができました。一方、ネリは学校嫌いで知的機能を抑圧し、情感を強め過ぎたきらいがありましたが、ポールと接するにおよんで、概念の遊びにも興味を示すようになり、ごらんの通り立派に成功しています」と。

（『人生を変えるもの』137～139頁）

どうやらトゥルニエにとって、日々の黙想・瞑想は、本来の自分自身になる（individuation）ためのプロセスであったようである。このことはこの本の中で、「黙想」とは自分自身に対して「正直」になることである、というように表現されている。（『人生を変えるもの』171頁）

さて以上述べたことを土台にして、本書に述べられている瞑想の意味について、トゥルニエの言葉を私なりにまとめると以下のようになる。

①宗教生活と現実生活の架け橋となる

教義に関しては忠実で、信仰に関しては熱烈でありながら、宗教生活と実生活との間に必要な橋を架けることができず、たいへん苦しんでいるりっぱな、学識高い神学者たちがある。

私の経験では、瞑想を書いてみることは、信仰の世界と現実世界の間の橋を架けるのにたいへん役に立つ。（中略）

多くの信者にとって祈りはモノローグにすぎず、彼は神に話しかけ、自分の欲求や愛や信仰を言いあらわしはするが、神の答えは聞かずに終る。瞑想は、預言者ハバククが言ったように、何にもまして、神の前に沈黙することである。「全地はそのみ前に沈黙せよ」（ハバクク書2・20）。観想的精神の人々にとっては、この沈黙はとくに霊的礼拝、交わりであり、魂の飛躍また同一化である。瞑想を書きつけることは祈りや礼拝の代用にはならないが、宗教的生活の富を私たちの現実生活の中に統合させるための実際的役割をはたす。

正しい教義も熱烈な信仰も、それぞれに大切であろう。

（『生の冒険』258～259頁）

しかし、私たち現実生活を送る者にとって必要なのは、〈生活の中に生きる宗教〉、〈日常〉の〈深みを味わうことのできる信仰〉つまり思索の深さである。

とすれば、私どもキリスト者に瞑想の必要性は言うまでもないこととなる。

トゥルニエにとっては「私たちのすること、考えること、感じることすべてを通して神の冒険に入ろうとすること、これが人生の意味」に他ならなかった。（『生の冒険』281頁）

②この世における召命を自覚させる

そうだ、瞑想によって私たちは天上へ逃避することから守られる。瞑想はこの世に在ることなのだ。それはこの世における私たちの召命を自覚することであり、神がこの世における彼の冒険の実現のために私たちから期待していることを自覚することである。あなたのまわりを見てごらんなさい。どんなに多くの人々が、自分はひとりぼっちで、「忘れられている」と感じていることか。おそらくあなたの妻や、あなたの子どもたちさえもそうなのである。どんな患者でもこの点では思いちがいをしない。あなたが患者との予約日を忘れたり、名前を忘れたりするのは、あなたが彼自身を忘れてしまったからなのだ。彼はあなたのところへ彼の苦悶をもちこみ、あなたは心からの同情に震えた。しかし彼は、人生の歯車は冷酷で、用心しないと何でもさらって行ってしまうことを知っている。ところが神はけっしてだれをも忘れない。そして瞑想のとき私たちにしばしばだれそれという固有名詞を思い出させるのである。こう考えてみると、瞑想は一種の忠実なとりなしを学ぶ学び舎である。(『生の冒険』261〜262頁)

私たちは、じつにしばしば「自分はひとりぼっち」あるいは「忘れられている」という思いに捕らわれる。また、「この世」を恐れる。

しかし、瞑想、つまり神を想うことは、この疎外感から人間を守るものであるという。

実際、立ち止まることなく、また思いを深めることなく動きまわることは〈空虚さからの逃避〉であることが多いのではないだろうか。

③生に秩序を与え、成年となるのを助ける

瞑想は彼らの生に秩序を与える。瞑想はその生に軸、骨組、階層、目標を与える。これらのものがないと、ゆたかな冒険は生まれないのである。

かつて一人の若い娘が私の診察を受けに来た。彼女は子ども時代に受けたひどい試練の犠牲者であった。彼女は私の例にならって、瞑想をはじめるようになった。このことは彼女が解放への道を歩みだすための私の仕事にたいへん役立った。しかし間もなく、彼女はこの訓練をやめてしまった。彼女の瞑想はまだとても子どもっぽいものだったからである。（中略）しかし私は彼女と接触をつづけて、彼女がゆっくりした成長をして真の成年に達するのを見守った。（中略）二十年以上もたってから、彼女は外国から手紙をよこし、毎日瞑想を書きとめることを熱心にやりはじめたと書いて来た。そして彼女は冒険をしている最中なのである。彼女の心には新しい考えがつぎつぎと浮かび、私が彼女に助言出来なかった、またしようともしなかったようなことをさっさとやり出し、自分を主張し、成年者となったのである。（『生の冒険』262〜263頁）

「瞑想はその生に軸、骨組、階層、目標を与える」とは面白い表現である。実際その通りであろう。よき想い、よき志、つまりよき思想がその日一日、またその人を形造るからである。

こう考えると、私たちの生の貧しさと思索の乏しさ、つまり瞑想の乏しさとは相関関係があるのではないだろうか。

とは言え私の友人の一人が、「落ちついて瞑想、静思ができるようになったのは、五〇代に入ってからです」と言っていたが、瞑想ができるようになるには、ある種の条件があるのではないだろうか。老年期はこの点大いなる好機である。

内村鑑三は隠退の楽しみの中で〝神と語ること多くして人と語ること少なし……〟と老年期の持つ特有の価値に言及している。

④ひそかな隠れ家を設け、神との関係を回復させる

もちろん、神は、私たちがどこか花さく茂みの中に隠れるときにも、いつでも、私たちに話しかけることができる。しかし私たちがほんとうに神に聞こうとするなら、そのための時間をとっておかなければならない。実生活とそのさわがしさ、狭い住居はそのためには好都合ではない。ある日一人の若い婦人がこう言ったものだ。「女性は結婚すると公共の場に入ってしまうみたいですわ。家族や社会の一員になってしまって、自分だけのものもなければ、休息の場もなくなってしまいます」。そして彼女はつけ加えて、彼女のひそかな隠れ家は浴室だといった。しかしどうしてそれではだめなのか。私の場合、私はレストランのように、知った人もいないし、電話もかかって来ないところで、ただし私が属していたいと思う世界のブーンというざわめきの中で、好んで瞑想する。ときおり、何キロメー

トルも飛ばしたり美術館めぐりをするあわただしい休暇旅行の代わりに、数日間、牧場や、林の中の空地や修道院の静けさの中で瞑想に時を過ごすこともできる。私たちが忙しくなって、責任をもたされればもたされるほど、私たちはますます神との接触をこのようにしてとりもどさなければならなくなる。（『生の冒険』263〜264頁）

「私の隠れ場は浴室」というのは面白い表現である。神は場所を特定されないのだろう。要は私たちが本当に神に聴こうとしているのか、聴き入ろうとしているのかという心の姿勢、習慣によるのであろう。

⑤心理的価値がある

私は、瞑想の心理的価値が高いことをみとめる。これは誠実さを学ぶ学び舎であって、すでに見たようにそのことによって精神療法と類似している。

（中略）瞑想に心理的価値を与えるのはまた、これが自己肯定を、正しい自己肯定を学ぶ場となることである。自分を容易に、あまりに容易に肯定する人々がいる。彼らはしばしば、平然と自分たちの見方や意志を他人に押しつけ、それも圧制とエゴイズムをもって押しつけるのだが、本人はしばしばそれに気がつきもしない。彼らは瞑想を行なえばそのことに気がつき、止めることを学ぶだろう。しかし反対に、自分たちが正しいときでさえ自分をなかなか肯定できない人々もいる。彼らは良い考えをもってはいるが、表現しようとしない。彼らは他人に不当に支配されていて、彼らの不満を内心では思いめぐらすが、何も言わず、みんなに責めさいなまれるのにまかせている。しばしばこの臆病さのため彼らは精神療法家のところへやってくる。彼らに「自分を正しいと思いなさい」と言ってやるだけでは足りない。彼らはこの助言に従っても、実行する段になるとひどくぶざまなことをしかねない。

そこで、瞑想をすれば、彼らは抵抗すべきこれこれの状況で妥協してしまったことが分かり、どういう手つづきを取るべきか、だれに対して率直に、勇気を出して弁明しなければならないかを知るのである。(『生の冒険』264〜265頁)

〝失敗〟という体験が神の前に〈退く〉ことを意味し、神の語りかけや、さとしを聞く場を提供するということに他ならないとすれば、瞑想とは〝神によく聴き入ること〟つまり何かの〈気づき〉や〈さとし〉を受けとることと言えるのではあるまいか。

ともあれ反省や瞑想という静けさが、人に新たな世界を開くというのは幸いなことである。

⑥覚醒と成熟の強力な手段となる

しかし瞑想は心理学を超えるものである。それは人格の覚醒と成熟の強力な手段である。精神分析家たちは、自我形成の不足と彼らが呼んでいるものをみとめるようなケースではお手上げである。一方、瞑想は時おり、袋小路から抜け出すのにも役立つ。（中略）私は他の書物でリーシャル・シーベック教授のたいへん正当な言葉を引用した。「人格を造るのは召命である」と。しかし逆もまた真であって、自分の召命を見つけるためにはしばしば、まず神と一対一になって人格にならなければならないが、この一対一の関係は瞑想によってつくられる。（『生の冒険』267～268頁）

「瞑想によって神と一対一の関係がつくられる」とは、意味深長な言葉である。「神の御前に一人で立つ」ということが、宗教者の究極の目標であるとすれば、〈瞑想〉は宗教者が等しく身につけねばならない習慣であり、一つの修練ではないだろうか。これに対して集団主義や集団思考は人間の真の成熟を疎外してしまう所がある。

⑦神との親しさを豊かにする

瞑想は（中略）とりわけいつも増して行く神との親しさの道程である。祈りや礼拝や聖礼典もこの親しさをつくり出すが、瞑想はそれを生活全体にひろげ、実生活のさまざまな問題でこの親しさを豊かにする。これは神に対して、私たちの心と霊的生活ばかりでなく、私たちの職業や、活動や、生の冒険のすべてを神に打ち開いてみせる手段である。これは神を生活とたえずむすびつけ、何ごとについても神にたずね、すべての中に神の息吹きを求める手段なのである。

というのは、神がすべてのことに関心をもつことが分かったときから、人は神に何でも話せるようになる。もちろん神に話すように、道徳的問題については、宗教的な問題については善悪を知る唯一の存在と話すように話すことができる。しかしさらに、言うならば科学については学者と話すように、職業上の問題については同僚と話すように、家庭の問題については父親と話すように、技術については熟練者と、哲学については教授と、法律については法律家と、絵画については芸術家と、都市計画については建築家と、経済については経済学者と話すように話すことができるのだ。(『生の冒険』269頁)

瞑想が「神との親しさ」を作りだし、瞑想の中で私たちは神と何でも語り合えるとすれば、神は私たちのすぐれたカウンセラー、コンサルタントということになるのではないだろうか。

ところでこのようにして、『生の冒険』というテキストに出会い瞑想の価値を見出し、それを実行しようと思うとき、私自身のこれまでを振り返ってみても、三〇代、四〇代ではとても「独り静まる」ことも、「瞑想する」ことも充分にできなかったように思う。しかし今、子どもたちもそれぞれ大きくなり、夕べの食卓を一緒に囲むために帰路を急ぐ必要もなくなった今、時おり週日の夕方、丘の上の教会の古びた祈祷室を開放してもらって、静かに祈り、瞑想、黙想する時間がじつに愛おしいひと時と思えるようになってきた。つまり、やっと私自身、瞑想できる時に導かれたのだ。そしてそこにひざまずけば、かつて盛んだったこの教会の先人の祈りがあたかも聞こえてくるようだ。そして私も、少しだけその先人の歴史に連なっているような気がしてくる。すると確かにこの世界は、味わい深いもの、意味あるもののように思われてくるのである。

もしかしたら瞑想とは、神につながっている自分自身の存在証明の一つなのかもしれない。

4　生の全体的意味の発見に向けて

「神は高度に冒険精神に富んだ方」という発想から書かれた『生の冒険』の最後に、次のような印象深い文章が載っている。

おのおのの時期は自分の冒険をもっている。子ども時代の冒険は世界をだんだん発見して行くこと、人生への準備、まだ神秘的で魔術的な未来に魅了されること、である。人は子どもに会うと、「大きくなったら何になりたい？」ときくものだ。青年時代は選択の冒険である。さまざまの哲学や教理の選択であり、好きな作家や傾倒する芸術家の選択であり、友だちの選択、婚約者の選択、進路の選択、他の多くの野心を犠牲にしてもよいだけの人生の目標の選択である。中年は家庭と職業生活の建設、子どもたちの教育、解決すべき夫婦間の問題、職業上の昇進、そして社会的、芸術的、霊的生活であり、この生活において人は美、善、有用、有益と思ったもののの実現のためにたたかうのである。それから隠退がはじまると、しばしばそれは新しい冒険の機会となる。つまり今までできなかった、そしてずっと望みつづけて来たことをする時期である。いつも前向きの、目標に向かって進む同じ運動である。……

そうだ、少年時代に世界を発見すること、それは神のわざに驚嘆することを通して神に近づくことだ。大人の冒険は、神に鼓吹され導かれた行動によって神を経験することだ。段々と、そして必然的にこの世から離れて行くことは、神とのより近しい交わりである。生涯かかって私たちは神を知ることを学んで行くのだ。勉強を通して、次に行動、それから礼拝を通して神を知るのだ。この三つの冒険は、ただ一つの冒険なのである。いつも新しい神を発見し、親しい神に再会しなければならない。つねに前進あるのみだ。（292頁）

そしてトゥルニエは、人生が、
誕生（ネッサンス）によってはじまり、
知覚（コネッサンス）によって継続し、
再認（ルコネッサンス）によって完成することに気がつく。（292頁）

少年期における驚嘆、成人期における行動と経験、老年期における神の再発見（再認）、みなそれぞれに意味のある面白い発想である。そして実際、私たちはそのような生を与えられ、実際それを歩んできたのではないだろうか。

このように指摘されると、五〇代後半の年代に入った私も、確かにこの先に開かれる世界に何か隠れた神の意図があるような気がして心躍る。

すると、「する」次元から「いる／ある」次元に移っていく老年の定めもまた、確かに一つの冒険であると言える気がしてくる。

そしてここにも〈動〉を主とした若い日々には気づかなかった何か新しいもの、味わい深いもの、素晴らしいものが啓示される思いがする。

そしてそれは、多様から単一へ、散乱から集中へ、偶発から永続への移り行きとトゥルニエが表現しているものにたどりつくように思われてくるのである。（288頁）

このように見てみると、私たちはみな少しずつ神の御光に照らされて、生の全体的意味を見出す〈心の旅〉に開かれ、〈神の再発見〉というもう一つの冒険を始めているように思われてくるのである。

以上は私なりのまとめであるが、これまで眺めてきたように、トゥルニエは人間を最後まで成長・成熟できるもの、発展できるものと捉え、それぞれの〈生〉を流動的、力動的に捉えている。その意味で、『生の冒険』という本は人々に〈生の豊かさ〉を示し、〈可能性の広がり〉を示す、すぐれた〈希望の書〉と言えるのではないだろうか。

付録「トゥルニエを読む会」について

一九七七年、私は三二歳でキリスト教主義の医療を志して関西に出たその年、たまたまポール・トゥルニエ博士が来日し、「関西牧会相談センター」の働きを通して博士と直に接する機会を得た。そして、この体験が後々私の人生にとって特別な意味を持つ、千載一遇の機会となり生涯の宝となった。

〝人生は出会い〟とよく言われるが後日私はトゥルニエの『生の冒険』の中に「私たちの生涯に決定的な影響を持つような人や言葉、文章に私たちを出会わせ、これを聞かせ、読ませるのは神である」という言葉に出会って(233頁)、もしかしたらこれこそイエス・キリストという方の、私の人生に対する配慮かと思ったものであった。

しかし私が、トゥルニエという人物の持つ深さ、広さ、豊かさを実感できるためには、それに続く多くの臨床体験と、私自身四〇代、五〇代という年代のもたらす〈人生の揺れ〉内面の模索が必要であった。そしてこの生活の中で、ポール・トゥルニエはしだいに、私の中でその重要性を増し、思索の導き手としての位置を占めるにいたった。

ところで近年、若者の著しい活字離れが指摘されている。しかし、人は何かの困難に直面し、行き詰まったとき、そのテーマを捉えて真剣に生き、それを模索した先人に助けを求めずにはおれないだろう。またその思索を深め、発展させるためには、その心を打ち明ける仲間の存在が必要不可欠であろう。

人はとうてい自分一人で自己発展を遂げられないからである。

私がしばしばあちこちの学び会で人生における「導師《グル》」の存在と「仲間《メントール》」の発見の重要性を強調してきたのはそのためである。

「トゥルニエを読む会」（東京・大阪）は、そのような要請の下にスタートしたと私は思っている。

つまり、よきテキスト、よき師、よき友との出会いである。そして私は幸いにも四〇代で「パンを水の上に投げる」ことによって、多くのキリスト者に出会うこととなった。

本書にも登場するこれら多くの教友に励まされて、私は今日あるを得ていると思う。

ところで、この学び会のすぐれて大きな特長は、「場の持つ豊かさ」である。それは一人の参加者によって、次のように語られている。

レポート32　「トゥルニエを読む会」と私

毎月、「トゥルニエの会」の会場にたどり着き、疲労困憊でメンバーの輪の中に加わる。いつもの工藤先生の淡々とした声が心地良く流れ始める。ユーモアの中に、鋭く真理を突いた言葉に触れて、忘れられ、抑えられていた私の魂が大きく「伸び」をして自由に解き放たれる。深い腹式呼吸をしているのに気づく。今まで浅い胸式呼吸をしてアクセクしていたことに思いいたる。毎回「トゥルニエの会」に出席すると、心と身体が一体であることと体で感じる。会の翌朝は前夜の疲れどころか、早朝にシャキッと爽やかに目覚める。魂の回復が身体をも回復させるのだろう。

いったいなぜこれほどに癒されるのか。一言でいうと、数年の歳月の中で育まれてきた「トゥルニエの会」の精神性、霊性の賜物であろう。その場にいるだけで、自分のすべてが受容されていると深く感じる。ふだんの多くの心の体験が、そこでは次々と言葉で表現され、自分の心に深く響く。私の中の混沌としたものがこうして「心の引き出し」に整理されていくことも、大きな癒しになっている。工藤先生がよく口にされる、「本当の宗教は、風に乗っているような軽やかさ」「良き心を持って人をもてなす中に、神の働きがある」という自由な発想に、魂が喜び憩い、回復されるのを感じる。

こうしたレポートを見るたびに、私はこの時期、ポール・トゥルニエの著作を多くの仲間に紹介できたことを光栄に思う。使徒パウロの言葉をもじって言えば、彼らこそ私の戦友であり、教友であり、同時に「わたしの喜びであり、冠である愛する者たち」(ピリピ4章)だったのである。トゥルニエの本が入手できなくなりつつある今日、この会がいつまで続くか、にわかには定めがたい問題であるが書棚に眠っているかもしれないトゥルニエの本がこの本の出版によって息を吹き返し、またさまざまな所で持たれているトゥルニエの学びが開花し、キリスト教文化が深く日本人の心に浸透することを願っている。

なお、東京と大阪において、リトリート形式で定期的に持たれている「トゥルニエを読む会」の参加希望者は、出版社を通して文書で著者に問い合わせていただきたい。

「トゥルニエを読む会」問い合わせ先:
株式会社ヨベル　〒113-0033 東京都文京区本郷4-1-1-5F
TEL03-3818-4851　FAX03-3818-4858　e-mail: info@yobel.co.jp

また本書に引用されている著者の本、その他関連本——とりわけ藤木正三先生の本は現在も入手可能である。

新版あとがき（ヨベル版）

二〇〇四年に『トゥルニエを読む（上）』（あめんどう）を出版した後、随分多くの方々から「次の本はいつですか」と問われ続けた。

実のところ［上］続編［中］はその一年後八割方書き上げていたのだが、私の身近に起こった様々な人生の諸問題に追われて筆が進まず、十年余り保管することとなった。

そうした折、グリューン著『従順という心の病い』（ヨベル、二〇一六年）に出会って改めて〝トゥルニエの重要性を再確認、ヨベルから『暴力《ヴァイオレンス》と人間――トゥルニエとグリューンを読む！』を昨年出版した。『暴力《ヴァイオレンス》と人間』は新たに修正、加筆したものであるが、本書の出版によって、まだまだ多くのトゥルニエの読者が存在することを知った。

『トゥルニエを読む！』がそうした方々の手許に届き、堅実なキリスト教理解の一助となることを強く願っている。

次回は、トゥルニエの『人間・仮面と真実』『罪意識の構造』『老いの意味』『反抗か服従か』

を中心にしてまとめていこうと考えている。

二〇一九年四月

工藤信夫

＊本書は『トゥルニエを読む』上（あめんどう、2004年）を大幅に増補・修正、改題して、新編集で出版される。

＊『牧会者と心の援助』牧会事例研究　工藤信夫
＊『人を知り人を生かす』工藤信夫
＊『信仰による人間疎外』工藤信夫　（以上いのちのことば社）
『新しい人よ眼ざめよ』大江健三郎（講談社）
『若い牧師・教会リーダーのための 14 章』
ジョン・M・ドレッシャー・工藤信夫訳
『今日における「霊性」と「教会」』
片岡伸光 / 坂野慧吉 / 工藤信夫 / 後藤敏夫
（以上いのちのことば社）
『渡辺一夫』ちくま日本文学全集（筑摩書房）
『愛と性の悩み』ウォルター・トロビッシュ（聖文舎）

＊印の本は著者のご厚意によって現在も入手可能です。
購入希望の方は出版社のヨベルに照会してください。
（連絡先は 225 頁）

トゥルニエ著作・邦訳書一覧

◎本書で言及されている著作

『人生の四季』―発展と成熟―　三浦安子訳
『結婚の障害』―愛による連帯を求めて―　野辺地正之訳
『生の冒険』久米あつみ訳
『人間・仮面と真実』山村嘉己・渡辺幸博訳
『人生を変えるもの』―トゥルニエの世界―　山口 實訳
『老いの意味』―美わしい老年のために―　山村嘉己訳
『暴力と人間』山口 實訳
『女性であること』―パーソナルな世界の豊かさ― 山口 實訳
（以上ヨルダン社）

『生きる意味』山口 實訳（聖文舎）

◎その他

『秘密』『苦悩』『強い人と弱い人』『反抗か服従か』
『罪意識の構造』（以上 ヨルダン社）他

(いずれも、現在、手に入りにくい状態です。品切、絶版もありますので、知人から借りるか、キリスト教系図書館などの利用をお薦めします。なお、『人生の四季』『結婚の障害』『生の冒険』の３冊は日本キリスト教団出版局から新しく出版されている）

参考文献

＊『女性の四季』工藤信夫（聖文舎）
＊『ほんとうの生き方を求めて』工藤信夫
＊『福音は届いていますか』藤木正三／工藤信夫
（以上ヨルダン社）

『信仰者の自己吟味』工藤信夫
＊『援助者とカウンセリング』工藤信夫

著者略歴：
工藤信夫（くどう・のぶお）

1945年、秋田県生。弘前大学、大阪大学において精神医学を学ぶ。淀川キリスト教病院精神科医長、ルーテル学院大学福祉学科教授を経て、現在、平安女学院大学名誉教授。医学博士。

著書：『人を知り人を生かす──クリスチャンの使命』（1981）、『こころの風景──変わらないもの・見えないものを求めて』、『援助者とカウンセリング』（1992）、『こころの光を求めて』（1994）、『人生の秋を生きる』（2008）、『真実の福音を求めて── 信仰による人間疎外その後』（以上いのちのことば社、2015）、『ほんとうの生きかたを求めて』（しののめ出版、2005）、『トゥルニエを読む』（あめんどう、2004）、『暴力《ヴァイオレンス》と人間──トゥルニエとグリューンを読む！』（ヨベル、2018）他多数。
訳書：H・ナウエン『待ち望むということ』（1998）、『わが家への道 ── 実を結ぶ歩みのために』（以上あめんどう、2005）他。

トゥルニエを読む！　キリスト教的人間理解の新たな視点を求めて

2019年6月20日 初版発行

著　者 ── 工藤信夫
発行者 ── 安田正人
発行所 ── 株式会社ヨベル　YOBEL, Inc.
〒113-0033 東京都文京区本郷4-1-1　菊花ビル5F
TEL03-3818-4851　FAX03-3818-4858
e-mail : info@yobel. co. jp
装丁者 ── ロゴスデザイン：長尾優
印刷所 ── 中央精版印刷株式会社

配給元──日本キリスト教書販売株式会社（日キ販）
〒162 - 0814　東京都新宿区新小川町9 -1
振替00130-3-60976　Tel 03-3260-5670

ISBN978-4-907486-87-7 C0016

【書評再録】人間の尊厳の回復を示唆する貴重な証言。

工藤信夫著『暴力《ヴァイオレンス》と人間　トゥルニエとグリューンを読む！』

評者：坪井節子

（四六判・三〇四頁・一六〇〇円＋税・ヨベル）

精神科医として臨床の現場に長く携わりつつ、日本のキリスト教のあり方を問い続けてきた著者が、人格医学を提唱したポール・トゥルニエ（1898―1986）、心理学者アルノ・グリューン（1923―2015）、高名な大学教授から障害者支援の場へ転身したカトリック司祭ヘンリ・ナウエン（1932―1996）等の著書を読み解き、自身の著書や著者主催の読書会参加者のレポートを紹介しながら、暴力に支配される社会の現実を切り開く希望を探し求める。全体は4章で構成され、「暴力と人間（トゥルニエ）」「強い人弱い人（同）」「従順という心の病（グリューン）」「女性であること（トゥルニエ）」が各章で取り上げられている。

著者の問いは、精神科の患者の中に、教会の指導者に従うことを強制され、魂を引き裂かれた真面目な信徒が多数いたことから始まる。トゥルニエは言う。我こそは真理を持っているのだと信ずることほど人間に力を与えてくれるものはない、と。この世界を変革し、苦しんでいる人々を解放しようとするところに入り込む無意識的な暴力。メシア・コンプレックスの罠。

現代人が追い求めてきた力、強さへの渇望、暴走が、物理的暴力、心理的暴力を生み出し、組織、権力による支配は、軍事、政治、経済のみならず、医療、福祉、宗教の領域をも侵す。弱さ、小ささを価値なきものとして、パワーハラスメント、虐待、DVなどの病的な現象を引き起こし、精神疾患に苦しむ人を増やす。トゥルニエは、組織もまとまりもなく、整った深い教義もなく、イエスとの出会いと兄弟的交わりだけが大切にされる小さなグループに活路を見出す。確かに教会がそのような場を提供できたら、どれほど救われる人がいることかと思う。1章の付記（70頁以下）で紹介される、ナウエンの「弱さの神学」も示唆に富む。引き裂き破壊する力から、結び付け癒す力へ向かうための3つの提案。

①身近に、そして世界中にいる貧しい人々に目を注ぐ。

②貧しい人々を、真心から世話するために必要なものを、神は与えてくださると信頼する。

③予期せぬ悲しみに気落ちするのではなく、予期せぬ喜びに気づく。

そうすれば、神の奇跡を見ながら暗闇の谷を歩き通すことができるとのメッセージは、虐待のために行き場を失った子どものシェルター活動に従事している筆者には、ことのほか心強く響く。

3章では、暴力、従順が生まれる過程のグリューンによる心理学的解明が詳述される。中でも、財産や地位という外面的なものの獲得競争に与れず、人格に関わる内面的価値を軽んじられ、暴力や屈辱を受け、社会的に軽視された人が、自分が無価値だという考えを麻痺させるため、敵対者もしくは自分が一体化できる強い暴君を必要とするとの指摘には、ヘイトスピーチやトランプ現象など、昨今の社会情勢を顧みて強く肯ける。

シェルターに避難してくる虐待を生き延びた十代の子どもたちは、幼い時に両親に受容された体験がなく、常に暴力や冷遇の下で、従順である以外に生きる術がなかった。長じて親を離れても、自分の存在を肯定できず、人を信じることができない。他者を攻撃し、孤立を恐れて人や性や薬に依存する。子どもを産んで虐待の連鎖を引き起こす。グリューンの分析は、私たちの現場体験そのものである。

グリューンは、解決策として愛や共感を提示する。著者も述べるように、拍子抜けするほどシンプルな提言である。しかし、暴力、支配と服従、人間疎外の対極にあるのは、人と人との対等なパートナー関係から生まれる、人間の尊厳の回復しかないのだと思う。傷つき果てた子どもたちと共に生きることは、辛い。目を背けたくなるような現実を前に、私たちはあまりに無力である。しかしその無力の極みの中で、支援者たちがスクラムを組み、ひとりの子どもを真ん中にして寄り添い続ける。すると固く閉ざされた心の扉が、そっと開く時が来る。本当は生きていきたい、愛されたいという小さな炎が見える喜びの瞬間である。まさに本書で語られる、無力な貧しい者どうしが、共に生きることそのものをめざす、小さなグループの中で、子どもがひとりの人間として、息を吹き返すのである。もしそれがイエス・キリストの臨在の証であり、この世の教会の役割のひとつの形であるなら、どれほどにうれしいことだろう。

（つぼい・せつこ＝社会福祉法人カリヨン子どもセンター理事長／弁護士）

ヨベルの既刊書（税別）

東京教区城南グループ協力司祭　長谷川正昭　**笑いと癒しの神学**

〈機械仕掛けの神〉、〈作業仮説としての神〉その後に来るのはいかなる神か？〈宗教の時代〉は全く過ぎ去った。世界はいったい何処に向かうのか――。この難題を前に、多神教的風土の日本にあって「笑いをキーワード」に、現代にキリスト教を問い、その活路を幅広く探求した意欲作！

四六判上製・四四八頁・二八〇〇円　ISBN978-4-907486-84-6

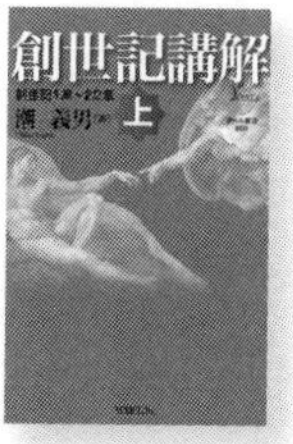

日本基督教団 仙台青葉荘教会牧師　潮　義男　**創世記講解 上**　創世記1章～22章

人間とは何者か。この世界でどのように生き始めたのか。世界と人類の創世、楽園からの追放、大洪水、崩れ落ちた塔、新たな旅立ち、それらの背後に息づく神の息吹……。物語としての魅力も尽きない「創世記」を現代の日本で、講解説教として分かりやすい言葉で語り明かす。

新書判・三〇四頁・一二〇〇円　ISBN978-4-907486-82-2

聖書と神学のミニストリー代表　上沼昌雄　**怒って神に**――ヨナの怒りに触れて

怒れ！　あなたのトウゴマの木のしたで。怒れ！　まだ陽の暮れていないうちは。理不尽で、しつこく、放っておいてくれない。そんなとんでもない聖書の神と渡り合った預言者と、その男に取りつかれたもうひとりの男の物語。……本気でただ神に怒った。誰を相手にこの怒りをぶつけたらよいのだ。といっても、仕向けたのは神である。神が仕掛け人である。

新書判・二二四頁・一一〇〇円　ISBN978-4-907486-88-4

宮村武夫著作 全8巻　宮村武夫著作③　**真実の神、公同礼拝**　コリント人への手紙第一「注解」

編集委員長：永田竹司　賛同人会長：廣瀬　薫

巻頭言：市川康則先生（日本キリスト改革派千城台教会牧師）

エッセイ：佐藤全弘先生（大阪市立大学名誉教授、キリスト教愛真高等学校第三代理事長）

＊全巻完結！　四六判上製・三四〇頁・一八〇〇円　ISBN978-4-946565-52-6

日本同盟基督教団苫小牧福音教会牧師　水草修治　**失われた歴史から**　創造からバベルまで

創世記の原初史を読めば現代がわかる。神にかたどって創造され、エデンから追放され、ノアの洪水を経て、バベルの塔の崩壊へと至り、アブラハム契約へと至る人類の始祖たちの流浪。創世記1～11章に記された物語の中に、神の計画の全体像を読み解く手がかりを

新書判・二二四頁・一一〇〇円　ISBN978-4-907486-91-4

メアリー・C・ニール　三ツ本武仁訳　**天国からの帰還**　―真実の物語―

――**ある医師の死、天国、天使、そして生還をめぐる驚くべき証言**

現代人は天使の声を聴けるか？　カヤックごと滝つぼに呑み込まれて溺れ死んだ後、再び地上の生へと連れ戻された著者の〝臨死体験〟。その〝死〟のあいだに経験したものとは。天上の霊的な仲間たち、天使たちとの会話、神の圧倒的な臨在について、キリスト教信仰の文脈で語られた希少な証言、待望の邦訳！　四六判・二五六頁・一六〇〇円　ISBN978-4-907486-97-6

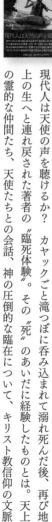

ヨベルの既刊書（税別）

日本イエス・キリスト教団明野キリスト教会牧師　大頭眞一

聖書は物語る　一年12回で聖書を読む本

正木牧人氏・評（神戸ルーテル神学校校長）本書の読みやすさは聖書を一続きの物語として捕らえ、一貫する世界観を提示していることにある。大頭氏はかつて英国留学に際して生涯の出会いを得た『神の物語』という書物を、著者のマイケル・ロダール氏と密接に連絡を取りながら十年がかりで和訳し2011年に出版。ロダール氏は聖書の記事の歴史的信憑性に確信を持ちつつも、神という主人公と人類史という筋を持つ神学的物語として聖書を読み解く。

六版出来　A5判上製・一一二頁・一一〇〇円　ISBN978-4-946565-84-7

聖書はさらに物語る　一年12回で聖書を読む本

正木牧人氏・評（神戸ルーテル神学校校長）本書の用い方を考えてみた。牧師が一般の人々に案内し教える。牧師が自分の学びのために用いる。神学校などの教材としては本書はちょうど1学期間で学べるよい長さだ。夫婦で学ぶ。高校生に教養として教える。大学生のサークルで学べる。教会学校の先生が聖書全体の流れを本書で把握するのもよい。

四版出来　A5判上製・一一二頁・一一〇〇円　ISBN978-4-907486-19-8

M・ロダール　大頭眞一訳　**神の物語　上・下**

ヨベル新書043・三二〇頁／ヨベル新書044・三〇四頁・各一四〇〇円

＊在庫僅少